震災があっても続ける

——三陸・山田祭を追って——

矢野陽子

はる書房

はじめに

迷いはなかった。どうしても、あれを描きたいと思った。

二〇一一年の九月に、初めて見た山田祭《やまだまつり》。鳥居の向こうの「神様」に一礼した青年の姿に、私はなにか、とても大切なものを見たような気がした。

そして、その「なにか」を知りたいと心から願い、山田町《やまだまち》に通い続けるうちに、いつの間にか五年が過ぎていた。

東日本大震災の二か月後、知人の車でまわった沿岸の被災地は、報道で目にしていたものとは全く違っていた。現場とは、本当に凄まじいものだった。

これでもか、というほどの破壊。人間の暮らしが、ここまで無情に叩き壊されることがあるのだ、という事実。

被災地では、震災について訊くことははばかられた。でも、おまつりのことなら、聞かせてもらえるような気がした。そして人々の話を聞きながら、私はおまつりで見たあの青年の「なにか」に、少しでも近づいていけないだろうかと思っていた。

しかし、何度訪ねても、毎回山田町へ赴く足どりは重かった。被災した人々の心情は、私にはわからない。自分の言葉も、行動も、すべて軽率に感じられてしまう。

それでも通い続けられたのは、「あの『なにか』を描くんだ」という最初の思いを、いくつもの偶然の出来事や、不思議な導きが後押ししてくれたおかげである。次はこれを取材したい、と思うと、誰かが手をさしのべてくれる。その人との出会いが、また次の出会いを私に授けてくれる。そういうことが重なったのちに、ようやく書きあげられた原稿だった。

私は、山田町の人々の懐の深さに感謝をするとともに、「やっぱり神様っているのかもしれないな」と、思わずにはいられない。

震災から五年がたった、二〇一六年の秋。山田町の風景は、また一変していた。

町の中心部に建設された、六階建てのビル三棟からなる災害公営住宅には、周辺にまだ町の面影がないせいか、異様な存在感があった。

盛土や、道路の建設も同時に進み、町じゅういたるところが工事現場といったような状況だが、それでも、今年も神輿のルートが確保され、九月十八日と十九日には恒例のあばれ神輿が町を練り歩いた。

あちこち未舗装だったり、ロープだけで工事中の区間を区切ってあるようなところもあるので、夜には懐中電灯がないと足元もおぼつかない。神輿の運行には、いつもにも増して関係者の団結力が要ったのではないだろうか。

ただ、今年のおまつりは、少し落ち着いてきたかな、と私には思われた。震災のあった二〇一一年から、山田祭が「完全復活」を遂げた二〇一四年までは、やはり特別な時期だったのではないか、と。

そして、ちょうどその間、私におまつりのルールや、思い出や、歴史を聞かせてくれた人々は、おそらくこれまで意識していなかったようなことまでを言葉にし、語ってくれたのではないか。

彼らが「完全復活」に向けて、改めておまつりの大切さを認識したであろう特別な時期に、私は居合わせることができたのである。

どんなに大きな災害が起こっても、時がたてば、やがて日常は戻ってくる。でも、その日常が戻る前に、震災はいっとき、人々を「神様」にぐっと近づけたのではなかったか。

私は「なにか」を、描けただろうか。

震災があっても続ける◉もくじ

一章　山田町へ

その日、二〇一一年三月十一日は、埼玉県内にある団地の自分の部屋にいた。東京の実家へ帰るための荷造りをすませ、戸締まりをして、さあ出かけようというときだった。

突然、窓の外で、当時まだ聞き慣れていなかった緊急地震速報が大音量で鳴り響き、なにごとかと思う次の瞬間、とてつもないことが起こった。

「ガタガタガタッ」と窓ガラスが音をたてたと思うと、建物が土台からはずれて宙に浮いたのではないかというくらい、部屋がめちゃくちゃに揺れ始めたのである。揺れる、というよりは暴れる、という感じで、それが地震だとわかるまでに、いくらか時間がかかったように思う。私にとって、それが東日本大震災の襲来の瞬間だった。団地のある春日部市は、震度6弱の揺れに見舞われた。

はたして世界の終わりは、こんなに出し抜けにやって来るのだろうか。

そのとき私は、なぜかそれまでの自分の人生がすべて無かったことにされてしまったような、途方もない虚しさに襲われた。両親のもとに生まれてきたという事実や、たくさんの思い出、大切にしてきたはずのすべてのことが、全部幻のなかの出来事だったように感じられて、あとに残るのは床に這いつくばって、手足をじたばたさせている間抜けな身体だけ……。

そして、それが大事に臨んだときの自分の姿なのかと思うと、頭のなかは失望でいっぱいになった。

間もなく本棚からバラバラッと本が落ちる音が聞こえ、ついにとどめを刺されるのかと思うような、ものすごい揺れがきたので、

「この建物は崩れる」

と思って、玄関へ飛んでいった。

しかし、揺れがひどくて、靴に足がちゃんと入らない。つっかけたまま、転がり落ちるように階段を下りていくと、おなじように感じたらしい人々が続々と上から下りてきた。

みんな、下の芝生に集まってくる。

でも、近所づきあいを怠ってきた私には、そのなかに知っている顔がひとつもなかった。このときほど寂しい、心細いと思ったことはない。

とにかく実家に帰ろう。そう思って駅まで歩いてみたが、やはり電車は止まっていた。辺りでは電柱が大きく、ゆっくりと揺れている。

あちこちで輪になって立ち話をする人々を横目に、駅前のロータリーにしばらく佇んでラジ

オに耳を傾けてみても、どんな情報も頭に入ってはこなかった。

やがて日が沈み、あきらめて団地の部屋に戻ってテレビをつけるが、このときも、なにが起こっているのか知りたいというよりも、またいつ大きな揺れに見舞われるか気が気じゃないというほうが大きくて、だからテレビはそのとき太平洋沿岸で起きていたことをずうっと報じていたはずなのだが、私にはこの日見たはずのニュースの記憶がほとんどない。

服を着替えるあいだにも、またなにか起こるかもしれないと思うと、そうする勇気もなくて、そのまま布団にもぐりこみ、一睡もできずに夜を明かした。

翌朝。白々と夜が明けるころ、再びテレビをつけてみると、そこには朝日に照らされた被災地の光景が生々しく映し出されていた。

「マグニチュード９・０」という巨大な地震が引き起こした大津波が、東北から関東にかけての太平洋沿岸一帯を襲い、いくつもの町が壊滅したとテレビは伝えていたのだが、小さな画面からはなにも実感が伝わってこない。

ただ、リポーターの顔に、今まで見せたことのない素顔のような感情が表れていることが、ことの大きさを知らせているようだった。

その後も、

「仙台市の海岸に、２００から３００の遺体」

「気仙沼の市街地は火の海」

といった、にわかには信じがたい情報が続々と入ってきて、さらに、

「福島第一原発で水素爆発」

の速報が流れ、やがて総理大臣が、

「国民の皆様」

と、神妙に語り始めても、どれもが架空の出来事のようにしか感じられなかった。


仙台の知り合いに電話をすることができたのは、震災から一二日も過ぎた、三月二十三日のことだった。

知り合いは、私の緊張を先読みするように、

「矢野さんの知っている人は、みんな無事だよ」

と、応えてくれた。

そして、やはり一度仙台を訪ねていこうと思い立ったのは、四月も終わり。

そのときも、向こうでは万事心得ている、といったように、

「沿岸部へ行ってみませんか。矢野さんはものを書く人だし、ぜひ見ておいてほしいと思って。案内しますので」

と、返してくれた。

そうして、五月十二日と十三日の二日間、私は知り合いの運転する車で、宮城県の名取市、

仙台市、石巻市、南三陸町、気仙沼市、岩手県の陸前高田市と大船渡市を訪れた。

のちに、大津波襲来を「原始的な異変」と表現した人がいたけれども、被災地にはまさしく地球そのものが動いたことを感じさせるような、凄まじい光景が広がっていた。

町だった、といわれるところに町はなく、生気さえもない。ただ、がれきが泥と山積みにされた一面の荒野に、
ゴオオオオッ
という、大きな風の音だけが響いていた。

「あれは、波じゃない。水の壁がやって来たのだ」

と、証言した人がいたそうだが、水平線の向こうから押し寄せてきた巨大な水の壁は、町そのものをごっそりと地面から引きはがし、どこか遠くの場所へ持ち去ってしまった。

私たちの足元には、流された住宅の土台になっていたコンクリートの基礎の部分だけが残されて、まわりには家屋が細かく砕かれたあとの廃材と、泥と一緒に外へはき出された食器、家電、人形、椅子、ベッドといった、ありとあらゆる身近な家財道具が、まるで震災の直前までの人々の生活を表にさらけ出すかのように、うずたかく積みあげられていた。

天災というよりは、町全体が空中で大爆発し、粉々になって降ってきたあとのようである。

無数のがれきのなかに、ぽつんと立っているお地蔵さんを見つけても、私にはなにも感じられなかった。

道路のすぐ脇には、浜から根こそぎにされ流されてきた松の大木や、折れた電柱、紙くずを丸めたようにくしゃくしゃにつぶされた車が、いたるところに転がされている。

防潮堤を押し倒し、鉄の柵も折り曲げてしまうほどの波の力は、鉄道の線路さえも土台ごと流し去って、そこを更地同然に帰してしまった。時計の針は、いったいどこまで戻されたのだろう。

壁をはがされて、骨組みだけになったビルの鉄柱には、たくさんの漁具や配線がからみついて、そのちぎれた先端がバタバタと強風にあおられている。

商店に突っこんだ大型漁船は真っ黒にこげて、もうなす術もないというように、ごろりとそこに横たわる。

まだどこかに、人が埋もれているかもしれない……。

少しずつ冷たくなってきていた身体の芯が、やがて震えてきた。

人間の生活が、ここまで壊されるということがあるのか。

自宅のあったはずの場所に戻ってきて、なにかを探すような人の姿にも出会ったが、とても直視できなかった。

黒い水たまりに足を入れて、棒を手に遺体捜索中の若い自衛隊員の顔は、真剣というよりはるかに深刻な、異様な迫力に満ちていた。この人は、いったいなにを見てきたのだろう。

雨が降り始め、福島の原発事故で今も放射能が降り注いでいるかもしれないと思うと、心配ではあったけれども、私たちは車を降りるたびに傘を広げることさえはばかられるような、厳粛な気持ちになっていた。

　やがて帰路に着き、海が見えなくなると、本当にほっとした。


　二日間の視察を終えて、まるで別世界のような盛岡の街で夕食をとりながら、ふだんはあまり自分から進んで口を開かない知り合いの一人が、唐突にこう言った。

「矢野さん、次はいつ盛岡へ来ますか」

　ドキリ、とするような言葉だった。

　その人が続けて言うには、

「山田町に、知り合いがいるんです。今度一緒に訪ねてみませんか」

　山田町とは、初めて聞く町の名前だった。

　同席した人々によれば、三陸沿岸の宮古市の南にある町だが、岩手県庁から訪ねていくともっとも時間がかかるところにあるせいか、メディアにもあまり取りあげられなかったのではないかという。

　被災地を見るだけでなく、そこに住む誰かを訪ねてみよう、という知り合いの提案は、そのときの私には「なにかの縁だ」と思われた。

　そして、東京駅。

盛岡から新幹線で帰ってきて、東京駅に降りたときの、あの異様な感じは、私にとって震災の異常さをもっとも強く思い知らされた瞬間だった。

あまりにも凄まじい光景を見てきたあとの、なにごともなかったかのような、いつもの暮らし。そのふたつの世界をたった二、三時間で移動できてしまうこと自体が、そもそも不自然なのかもしれない。

平然とのんきな顔の人々のあいだをすり抜けながら、私は一刻も早く家に帰り着かなければ、途中で自分は気がふれてしまうのではないかと思って、心底怖かった。それくらい、向こうとこっちの空気は違いすぎた。


震災から三か月以上がたった、六月二十四日。

再び知り合いの運転する車に乗って、私は初めて山田町を訪れた。その日は雨が降っていたせいか、海も陸も、すべてが暗い灰色に見えた。

山田町は、これまで見てきたほかの町よりも、がれきがきれいに片付けられて、まるで箒ではいたようにすっきりとして見え、そこに役場の高い建物だけがぽつんと建っている風景は、なんだか印象的だった。

リアス式に入り組んだ半島に囲まれて、ほぼ円に近い形をした山田湾。そのまわりに開けた、いくつもの集落が合併して生まれた山田町では、三陸沖の豊かな漁場に恵まれるだけでなく、

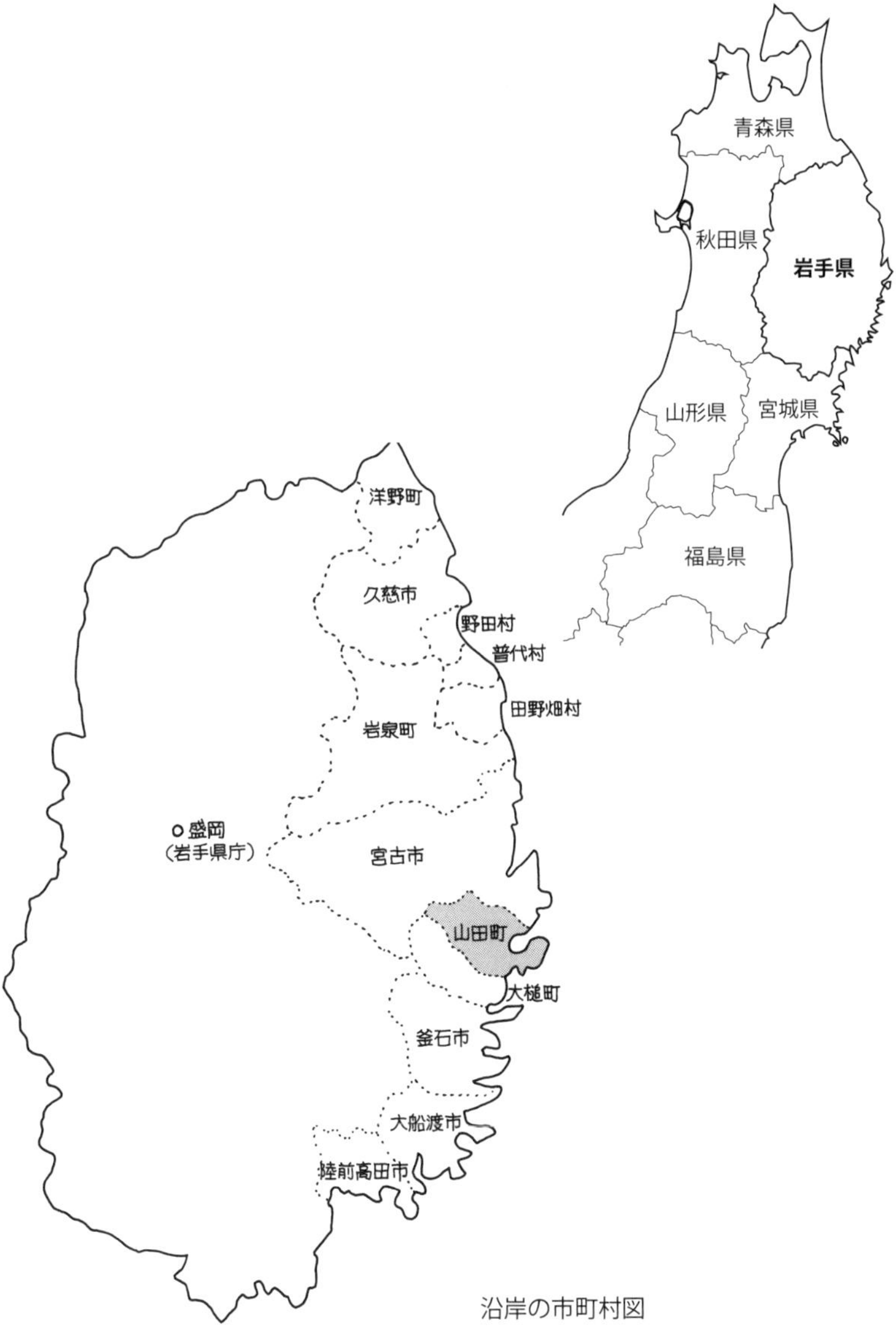
青森県
秋田県
岩手県
山形県
宮城県
福島県
洋野町
久慈市
野田村
普代村
田野畑村
岩泉町
盛岡
（岩手県庁）
宮古市
山田町
大槌町
釜石市
大船渡市
陸前高田市

沿岸の市町村図

「鏡のようにおだやか」といわれるその湾のなかで、かき、ホタテ、わかめの養殖がさかんにおこなわれてきたという。

しかし今、湾のなかにはなにも見えず、陸とおなじようにとても静かである。

三月十一日に太平洋沖で発生した大津波は、山田湾のせまい湾口から入ってきて、湾のいちばん奥にある町の中心部を襲った。それでも津波に流されないで残った建物はいくつもあったらしいが、その後、がれきのなかで自然発生した火災によって、町は火の海となり、すべてが燃えてしまったという。震災前の町の人口は一万九二七〇人ほどだったそうだが、八〇〇人以上の犠牲者が出て、そのうち一五〇人近くの人はまだ行方さえわかっていない。

その日、町で私たちを迎えてくれた人は、

「私は戦争を知りませんが、津波から一夜明けた町は、すっかり焼け野原になっていました」

と、しんみりと話してくれた。

そして一〇分か、一五分か、話をしたあと、私たちはすみやかに帰路に着いた。盛岡から片道三時間近くかけて来たにしては短い滞在だったが、今回はそれで十分だ、という気がした。

被災地に来て人と話をするのは、予想していた以上に、つらいことだった。来てはいけないところに来て、見てはいけないものを見て、話してはいけないことを話しているように思われた。

海岸線を宮古へ向けて少し走ってから、不意に、知り合いが空き地に車を止めて、持ってきたお線香をたいてくれた。

目の前に広がる山田湾に向かって一緒に手を合わせたとき、私ははからずも、震災で亡くなった人たちと初めてじかに向き合ったような気がした。

それは、不思議な親近感だった。姿の見えない人たちからも、自分のことが見えているように感じられた。

そして、思った。

あの日、三月十一日以降の報道を見ながら自分が感じていたのは、興奮だったのだ、と。陸地を走る大津波に、あっという間に家や田畑が飲みこまれていく映像を見て、自然の力がいったいどれほどのものなのか、今回はそれに恐れ入る良い機会なのだというふうにしか、震災をとらえていなかった。そのなかに巻きこまれた人々のことまで、想像することはできなかった。


私と山田町の関係は、それで終わってもよかった。

ただ「山田町」というキーワードはしばらく頭のなかに残っていて、時折、国会図書館へ行っては岩手日報をめくって見ているうちに、私はひとつの記事に出会う。

それは、その年の九月に、山田町で秋まつりが開催されることを知らせる記事だった。

ぜひ見にいかなくてはならない、と思い、すぐに盛岡の知り合いに連絡をとった。

そうして、私は山田祭に出会うのである。

二章　秋まつり

東日本大震災から、わずか半年後の二〇一一年九月十八日。

三月の大津波に襲われて被災した山田町で、秋まつりがおこなわれた。

かつてそこに町があったとはとても思われないほど、なにもない、がらんとした土地の上に、かろうじて被災をまぬがれた町役場がぽつんと建っている。その建物の脇の坂道を上ったところに、秋まつりの会場である山田八幡宮はあった。

鳥居にかかる白い注連縄《しめなわ》や、境内に吊るされたたくさんの大漁旗を見て、初めて、

「ああ、おまつりなんだ」

と思う。

拝殿の前にはすでに、半てんを着て笛を吹き、花笠をかぶって太鼓を叩きながら、たくさんの人が集まってきていた。しかし、もとより過疎といわれ、その上に大災害を被った町であるにもかかわらず、若い人の姿が目立つのには驚いた。

胸に太鼓を抱えた男性の腕は、みなよく日に焼けてたくましく、カラフルな衣装を着た子どもたちの笑顔はとても、やわらかい。

みんな、本当にあの大津波を体験した人たちなんだろうか。

にぎやかな境内で、私はちょっと不思議な気持ちになった。

あれだけの災害のあとにおこなわれるおまつりとは、いったいどんなものだろう。これは見ておかなければならないと思って、飛んできてはみたものの、私自身はこれまで、おまつりというものにはほとんど縁がなかった。父が転勤族だったこともあって、地域のつきあいやしがらみとは無縁のまま生きてきてしまったので、おまつりと聞いて思い出せるのはせいぜい出店か、盆踊りくらい。

だからこの日、神社の参道の入口に貼り出されていたプログラムに、地区の郷土芸能の名前がずらりと並んでいるのには、まず目をみはらされた。

八幡大神楽
山田大神楽
八幡鹿舞
関口剣舞
境田虎舞

愛宕青年会八木節

この日一緒に来ていた知り合いの都合で、最後の八木節だけは見られなかったけれども、その短い滞在のあいだに見たものを、私は忘れない。

拝殿の下の広場に、円を描いて芸能団体の登場を待つ町の人たち。そこへトップバッターとして現れたのは、「八幡大神楽《はちまんだいかぐら》」の若い二人だった。

先頭の青年の、茶髪とピアスに目を引かれたのもつかの間、彼は踊りの位置につくと、正面の鳥居の向こうをじっと見つめて、深々と頭を下げた。

そして獅子の頭《かしら》をかぶって踊り出すと、その動きは素晴らしかった。

八幡大神楽は二人一組で踊り、一人が獅子頭《ししがしら》を頭にかぶり、もう一人が後ろで幕を持つ。青年たちは、踊りが上手いというだけではなかった。手の先、足の先まで神経がゆき届き、決めるべきポーズのひとつひとつをきちっと決めようとする律儀さは、大勢の人が見ている前で上手に踊ろうという域を超え、なにかもっと大きな目的のために、この踊りが捧げられていることを表しているかのようだった。

私は信心深いほうではないのだが、そのとき「神様」という言葉が、自然に頭のなかに浮かんできた。彼らの踊る先には、「神様」がいるのではないか。

というのも、本当は彼らの正面にまわって、もっとよく踊りを見てみたかったのだが、あの

八幡大神楽の二人

鳥居の前に人は立ってはいけないんじゃないか、と思わされたからである。

そして、それはなぜか私にとって、とても懐かしいような感覚だった。とうにこの世から消えてなくなってしまったと思っていたものが、ちゃんとここにあるよ、と教えてもらったような感じだった。

身は三尺の剣をもって
悪魔をはろうて　よいはない
太平　錫杖や　舞い納め

曲調が変わると、色とりどりの着物を着た子どもたちがわらわらと飛び出してきて、獅子のまわりをぐるりと囲んで踊り始める。

子どもたちは境内の隅のほうで、お母さんたちに、

「ほら、いっといで」

というふうに送り出され、踊り終えて戻ってくると、

「おかえり」

と、微笑みながら迎えられた。

踊る青年たちとおなじ、鮮やかなスカイブルーの半てんを着た大人たちは、彼らを見守るよ

うに一か所に立ち並び、太鼓や笛や鉦《しょう》を鳴らしながら、高らかに声を揃えて歌っている。

　やっこらきた　お先は舞いに
　あとは当年中の悪魔祓い
　そのあとはおかめ様のおいしょ笑い

口上を述べる息もぴったりと合って、みんなが文字通り、ひとつになっている。この一体感は、どこから生まれてくるのだろう。

八幡大神楽の次に登場した「山田大神楽」は、八幡大神楽とほとんどおなじ踊りを三組のペアで踊っていた。

彼らの顔、身体、衣装にまで、ひどい疲れと、なにか闇の底から這いあがってここに来ているというような、気迫が見える。これはただのおまつりじゃない、という空気が辺りに満ちている。

その次の「八幡鹿舞《ししまい》」は、とてもめずらしい踊りだった。

どことなくひょうきんな鹿の面をつけて、足もとまで届く長いリボンの束のようなものを頭にかぶった踊り手たち。リボンの下半分は赤い色に染められて、一見して「けもの」といった風情である。

彼らの顔を覆う幕の切れ目からのぞく目元は、ほとんどが中学生くらいの、男の子たちのもののようだった。

やがて、

「さんぼう！」

と、声があがると、動きはだんだん速く、激しくなり、二頭の鹿が近づいて、頭《かしら》につけた分厚いリボンの束をふりむきざまに、ぶつけあう。

それはまったく惜しげもなく、というふうで、リボンがちぎれて宙を舞い、地面にいくつも落ちていった。思わず、

「これだ」

と、私は手を打つ。

なんと潔いのだろう。まるで、この一回きりの踊りに、すべてをぶつけているようだ。

場面が変わり、一頭の鹿と組んで踊りながら、胸に抱えた太鼓を打つ男性は、もてる体力をすべてここに注ぎこもうとするかのように、最後まで力強い音を会場いっぱいに響かせていた。なんというか、ボロボロになっても踊るんだ、というような。

そうして踊り終えた中学生たちは、鹿の面の下で実に良い顔をしていた。見物している我々のほうをしっかりとしたまなざしで見つめ、心から充実している顔だった。

彼らが退場すると、人々は申し合わせたように、地面に散らかったリボンの切れはしを拾い

始める。私もひとつ手にとってみると、それは布でもビニールでもなく、見事にうすく削られた木材で、これはお守りにするのだと、そばにいた人が教えてくれた。

　かわるがわる、各地区の伝統芸能が出てきては、踊る。

「関口剣舞《せきぐちけんばい》」は、手づくりの鎧姿にわらじばきという出で立ちで、円になってひたすら踊る。円のなかには壮年から、よちよち歩きの小さな子どもまで、いろんな世代の人たちがいた。

　激しい動きはないけれども、身体の重心を低く保ちながら延々と踊り続けるうちに、大の男たちも汗だくになっていく。ひょっとして終わりがないんじゃないか、と思わされるような、持久戦の踊りである。ひたすら、

「エヤコノサッサ、キタサノサ」

　などと唱えながら、舞う。なんのために、なんて難しいことは誰も考えていないのだろう。やらなきゃいけないことなんだ、と信じて続けるひたむきさがあるというのは、すごい。

　次に登場した「境田虎舞《さかいだとらまい》」は、迫力満点の演舞を見せてくれた。

　虎縞模様の大きな黄色い幕のなかに二人一組で入り、張子の虎の頭《かしら》を手に持って、跳んだり跳ねたりのアクロバットは、瞬発力抜群の中学生や高校生が中心のよう。地面にひれ伏した虎が、いきなり飛びあがったと思うと、幕のなかで踊り手がすばやく相棒の肩に飛び乗って虎の頭《かしら》を高く持ちあげ、空へと伸びあがってみせる。その動きには、もはや素人離れしたような感があった。

大きな目と口の、張子の虎の顔が観衆に遠慮なく迫ってくると、幕のなかの踊り手たちが踏んばる足もとで、ジャリジャリと砂利が荒々しい音をたてる。うっかりすると、彼らに足を踏まれそうな勢いだ。

でも、みんな平気。あぶないから下がれとか、虎にさわらないでください、なんて小さいことは誰も言わない。むしろ、ぶつかるくらいがご利益だ、とでも思っていそうな気配がある。

さっきから場内にいた、着物を着て長烏帽子をかぶり、派手なメイクをした大男が、じりじりと虎ににじり寄ってきて、勢いよくその背にまたがると、手に持った木の札をかざし、大きな声で口上を述べ始めた。

「やあやあ、風来人とはおのれのことっ」

内容はわからないが、きっと、ここぞという場面。観衆にとっては、

「待ってました」

といったところに違いない。

クライマックスまで力を抜くことなく踊り切り、幕のなかから出てきた少年たちの顔は、やれることはみんなやったというように、くしゃくしゃになっていた。練習量は、きっと半端じゃないのだろう。

こんなおまつりをやるには、相当のエネルギーがいるはずだ。これが、この町の底力というものか。

帰路、内陸の別の町でも、おまつりをやっていた。きれいな揃いの衣装を着て、沿道の見物人や観光客にマイクを使って解説をしながら、郷土芸能が披露される。

私はこれまで漠然と、いわゆる伝統的な郷土芸能というのは、こうしてありがたく拝見させてもらうものだと思っていた。

山田町のあれはなんだろう。

あの町の芸能は観客に見せるものではなく、「神様」に向けて捧げられているように見えた。そして踊る人と見ている人のあいだに、すべてを心得たような安心感、一体感があった。

東日本大震災は、誰もが生きているあいだに体験するとは思っていなかったような、途方もない大災害だった。そして、そのわずか半年後に開催された山田町の秋まつりは、大災害のあとに、まるで砕け散ったかけらから、新たに細胞分裂が始まるシーンを見せられたかのようだった。

彼らの生命力、あの底力は、でも震災の前にすでに、あの町で育まれていたものだろう。

あそこには、なにがあるのか。どうして、あんなおまつりができるのか。それが見えてくるまで通ってみたい。そう、私は思い立った。

三章　震災のこと

山田八幡宮の参道の入口には、

「ここより下に家を建ててはならない」

と、書かれた碑が建っている。それは明治、昭和の大津波を体験してきた町の、教訓であるはずだった。

「ふる里山田　同郷の会」という、年に一度東京都内で山田町の出身者たちが集う会がある。そこで、ある七十代の女性が話を聞かせてくれた。

「私の家は山田八幡宮のすぐそばにあったのですが、子どものころは祖父母からも学校からも、徹底的に防災教育をされていました。毎晩、枕元にランドセルと着替えを置いて寝る、それがしつけのひとつになっていたんです。歯磨きをしろ、というのとおなじですね。そして、もし津波が来たら、山の上の親戚の家に逃げようと決めてあって、そのときには仏壇の下に置いてある風呂敷に位牌をくるんで、身体に巻きつけて逃げるというのが私の役目でした。昔の人は、

海が恐ろしいということをよく知っていたから、すごく厳しかった。でも、世の中が豊かになるにつれて、みんな自己中心的になってきたのでしょうね」

かつて神社のふもとには田んぼが広がり、大きな沼があったそうだ。今、八幡町と呼ばれているその地区は、昔は引廻《ひんまわし》と呼ばれていた。

「でもそれは悪い人を引き廻すってことじゃなくて、馬を連れて歩いてきた人がそこで引き返した、という意味だと思います」

と、地元の人が教えてくれた。

沼や田んぼが埋め立てられて、そこに鉄道が敷かれ、国道が通り、商店が立ち並ぶようになって、町ににぎわいの中心地が生まれた。

その中心地が、たった一日で消えてしまったのである。

被災の規模がそのようであったから、私が震災の起きた日の話を人々に聞かせてもらえるようになったのは、この町に通い続けて二年くらいたってからのことだった。話してもらえなかったのではなく、尋ねることができなかった。

人々が集うとき、震災の話は出なかった。いつもみんな、冗談ばかり言って笑っていた。

そんな彼らに震災のことはおろか、身内を亡くしているかもしれないと思うと、家族構成さえ聞くことがはばかられて、だから知り合って一年ものあいだ、きょうだいであることさえ知らなかったという人たちもいた。

私が震災の話を聞けるようになったのは、町の消防団員が町外で体験を語る機会があってからだった。彼らが招かれた伊勢市へ、私もあとを追うようにして出かけていった。

そうして少しずつ知ることができた、神社のふもとに開けた町の中心部を襲った津波と、その後に起きた大火災について、断片的ではあるけれども、消火活動に携わった人たちの話を中心に、ここに綴っておきたい。

消防団員たちの話。

「長くて、強い揺れだった。これはいつもとは違う、とても長い、このままおさまらないのかな、と思うほど普通じゃなかった。あの地震の衝撃は大きさではなく、長さだった（山田町は震度5弱。私のいた春日部市よりも震度は低いが、異常だったのは、その揺れの「長さ」だったと人々は強調する）。

これは絶対に津波が来る、大変なことが起きるんじゃないか、ということが頭をよぎった。家族に逃げろと連絡し、逃げたことを確認してから水門へ行くと、水門の真ん中より少し下にあいているすき間から、水が流れこんできていた。ということは、あそこまで水位があるんだ、やばい、と思って走って逃げた。ふり向いたら、津波が水門を越えてきた（町の中心部へ津波が到達したのは、地震から四〇分がたったころだったといわれている）」

「津波が来たあとでも、家は結構残っていた。ところが、このあとの火災によって、町は焼け野原になってしまった。地震から一時間くらいで、もう小さな火は出ていた。初めは、津波で倒壊した建物からポワ〜っと細い煙が出ている程度だった。ほんとに小さな火だったが、今思うと、それが火災の始まりだった。あれを消していれば……と思うが、しかし道をがれきが埋めてしまって、火元まで行けなかった。ポンプ車も動かない。そのうち、みるみる燃え広がった。当時はどこの家でもストーブを使うシーズンだったから、原因の特定なんてできないし、できたとしても誰のせいにもできない」

「流された車のガソリンなのか、プロパンガスなのかわからないが、ときどき爆発音が聞こえたし、またどこでそうなるかわからないので、近づいて消火活動をすることができなかった。火の手が自分たちの家に向かってくるのが見えても、なにもできないとわかっていた。むしろ火を消すより、命が大切。人をおぶって避難させるほうが大事だった。あとは燃えても、仕方がなかった。『助けてください』という声が方々から聞こえていた。雪も降ってきた」

「消防団員は、火災のにおいは体験している。火災現場に行くと、服に焦げ臭いにおいがつくものなんだが、震災では町全体がそのにおいになった。それがヘドロのにおいと混じり、下水道施設もだめになったから汚物も流れてくるし、とにかく新聞やテレビの映像でわからないのは、においだったと思う。においがすごかった。

それと、火災はおさまっても、がれきの下にはまだ火がくすぶっていて、近くに寄れないほどのすごい熱をもっていた。革靴の底が溶けるくらいだった。熱いなかで風が吹いたり、トタンをもちあげて空気が入ると、火がついてしまう。一か月くらい、がれきの下は熱をもっていた。このことが精神的にもゆるくなかった」

「消防団員が人を助けるために犠牲になったという記事をよく見かけるけど、実際はそんなきれいごとではなかったと思う。みんなを助けようとして犠牲になったというより、普段の訓練どおりやってもだめだった。消防のマニュアルは通用しなかった。想像しないことが起こったのだから。堤防で海を見て呆然となっているところを、波にのまれた人を目のあたりにしてしまったけれど、想像を超える津波にのまれてしまったのだ。自分だって、のまれてもおかしくないところにいた。本当に、運だと思った。一歩間違えば、俺も死んでいた。だから美化してほしくない。ここまで波が来るとは思っていなかった、というのが、俺たちの正直な気持ちなんです」

消防士の話。

「役場の屋上にあがってみたら、湾の入口から一直線の白い波しぶきがこっちへやって来た。白波の上に、厚みのある水がのっかっていた。第二波が、もっとも大きかった。もしかすると堤防は越えるかな、と思ったけど、それが一気に越えて、建物が倒壊していった。現実として受けとめられなかった。映画のワンシーンを見ているようだった。津波はとどまらず、電柱が倒れ、家がぐるぐると渦のなかでまわるのを見た。どこまで来るのだろう、この津波は止まるのだろうか、と思った。見ているしかなかった」

「津波で山に避難していた消防車と救急車を呼び寄せようとしたが、山道を来なければならなかったから、すぐには来られなかった。消防団のポンプ車がホースを積んでいたので、近くの消火栓につないでみたが、最初だけ水が出て、すぐに出なくなった。停電のために、貯水槽に水があがらなかったのだ。それじゃあ、手で持てる大きさの小型ポンプを近くの防火水槽につないで消火作業をしようと思いついたが、分団が浸水して小型ポンプも水没し、使えなくなっていた。そうこうするうちに、署のポンプ車が二台、消防団のポンプ車が二台到着したので、二手に分かれようとしたが、消火するための人数も足りなかった。

　通常の建物火災でもポンプ車は五、六台出る。町内の一三分団にはそれぞれ一台ずつ、消防署には三台の、計一六台のポンプ車があったが、六分団、八分団のポンプ車は津波にのまれてしまっていた。それに通常火災なら、建物のまわりを囲んで放水するのだが、津波のあとは建物のまわりにがれきがあって近づけないので、おなじ方向からひとつか、ふたつのポンプ車からしか放水できなかった。

　また、普段なら道路をはさんだ隣の家に火が燃え移るなんてことは滅多にないのだが、道をがれきが埋め尽くしていたので、家からがれき、がれきから家へと全部つながっていて、延焼を防げなかった。だから消火活動はやっていても、火の勢いはどんどん増して、津波に流されずに残っていた家も、全部燃えてしまった。そのころにはほかの地区でも火の手があがっていて、それぞれに対応しなければならず、応援も望めなかった。なにもできなくなって、最後は役場のロビーで、ひと晩みんな黙って過ごした」

町の人たちの話。

「地震が起きても、まわりでは大きな動きもなく、近所の人たちがぽろぽろと歩いてくる程度だったし、私は山手のほうの出身だから、まず海へ様子を見にいこうと思ってしまいました。すると家の電気が切れて、テレビがパッと消えた。ゴーッという音がして、なんの音?と思って外へ出てみると、波が向こうから来るのが見えたので、思わず走り出しました。娘も私のあとを追って走ってきましたが、若いから私を追い越していった。もうだめだーっと言ってたら、前のアパートの屋根を波がかぶり、側溝の蓋がその下を走ってきた波の勢いで持ちあがって、水がバーッと出て、私はその水に持ちあげられて気を失いました。

そして目をあけたら、黒い水のなかにいて、上のほうを廃材や瓦がどんどん流れていく。片足を下ろしてみたけど底に届かず、やがて苦しくなってきて、なにかにつかまった。バラ線でした。そのうち波が引いて、畑の真ん中にぽとんと落とされ、腰をぬかしてしまった。引き波の勢いがすごかったので、バラ線は離していましたが、手は血だらけでした。髪は黒い水をかぶって真っ黒で、ゴミもついていて、洗いたかったけど、山の水は凍っていて、顔も洗えなかった。

夫は、大島の影に自分の船を避難させていたらしいけど、夜が明けたら町がだんだん見えてきて、でも、いつもと様子が違う。陸に近づいていくと、建物が少ししか残っていなくて、陸にあがってから家に帰ってくるまでは死体だらけだった、と言ってました。津波にのまれると苦しいから、遺体は人相が変わって、目をむいて、鬼のようだった、誰が誰かもわからなかったと。私も波にのまれたときは、最初は水を飲まないように口を閉じていたけれど、だんだん苦しくなって、開けてしまったんです」

「役場へ避難しようとしたが、人でいっぱいだったので八幡様へのぼろうとしたところへ、津波が来た。鳥居の足もとまで波が来たが、そういうときの人間の心理というのはつくづくわからないものだ。というのは、それを見たときは『あ、ここまで来た』と思っただけだったから。

波を見ても怖さもないし、逃げるときもどこへ逃げようって決めたわけではなくて、ただ走った、という感じだった。どこへ逃げようという意識はなく、ただ走る。それが右へ行くか、左へ行くかによって生死が分かれてしまったのだが、その方向を選ぶのだって、無意識でやっているんだ。消防団が火に向かって水をかけていたが、どう見たって消せそうもないのに、あいうときは、ただもう夢中で消そうと行動するんだな。

避難所では、前後左右に、つれあいを亡くした人、子どもを亡くした人、親を亡くした人と隣りあわせになった。しかし、誰もなんにも言わなかった。ただじっと黙って、ときどき誰かが冗談言って、笑い声が聞こえてくるだけで、あとはみんな黙りこくっていた。それが一週間くらいは続いたと思う。いや、一週間なのかどうかもわからないが。しばらくは、人に会えば、知らない人でも誰でもつかまえて、とにかく話題はひとつ。誰々は無事か、と。あのときは、なにも食べなくても腹はへらなかった。そういう感覚がなかった。俺は餓死するのかな、と思った。体重も一〇キロくらい減った。

知人と一緒になんとなく歩きまわって、残っている家があれば声かけて、がれきの撤去や片付けを手伝った。その作業で長靴がぐちょぐちょになってしまって、新しいのをもらったときは、長靴でこんなに感激するものかと思うくらい嬉しかった。人間、そう簡単には死なねえな、と同世代の男同士で言い合った。俺たちは風呂に入らなくても、泥水を飲んでも平気。若い人は泥水だけは飲めないみたいだけど」

震災のことは、体験した人にしかわからないだろうと思いながらも、知らなければならないだろうという気持ちもあって、迷いながら人々に聞かせてもらった話だった。

でも、なかには、こちらがなにも聞かないのに、初対面でいきなり次のような話を聞かせてくれた人もいた。やはり消防団員として、火災のなかを人命救助に奔走した人だったが、この人の印象は強烈だった。

「黒焦げの遺体って、見たことあるか。自衛隊が来るまでの二、三日は、消防団で遺体を見つけては運んでいたんだ。自衛隊や警察が来てからは、見つけたらさわらないで報告して、というふうになったが。そこらじゅうに遺体があって、大きな畳に、それも波をかぶって重くなっていたが、それにのせて、どんどん役場の裏へ運んでいった。黒焦げの遺体というのがいちばん、凄まじい。本当に焦げ茶色をしている。

そして四月どころか、五月になっても、夜闇のなかでヘッドライトを照らすと細かい粉塵がたくさん舞っていて、俺はこれを吸っているんだなあと思ったよ」

そう語りながら、なによりもこの人の目がとても澄んでいて、話の内容とはとても結びつかないような、さっぱりとした顔をしていることが私には不思議でならなかった。

そしてそれくらい、自分とは心のありようが、かけ離れているのだろうと思わされた。

四章
ふたつの神社

震災直後は、すべてが暗い灰色に見えた山田町も、夏を迎えていたるところに草が生い茂るようになると、それが津波に押し流された住宅のコンクリートの基礎までも覆い隠して、町の面影は一層なくなってしまった。それを、

「色のない町に、緑色が加わった」

と、静かに町の人々は表現した。

そして、秋まつりのおこなわれた日には神社の白い注連縄や、境内に吊るされた色とりどりの大漁旗が、私のような訪問者にも、人が生きるということを思い起こさせてくれた。

ただ私には、あの日神社の境内で踊っていた大人たちの多くが、歯を食いしばって必死の表情を浮かべていたように見え、実際に、

「あの日はなんだか、とてもしんどかった」

と、ふり返る声を、あとで踊り手たちからも聞いたのだった。

「身体が、変に疲れていました。あのころは震災で体力を消耗していたというのもあるでしょうけれど……あの世から来ている人たちがたくさんいるところで踊るのは、大変だなと思いました」

亡くなった人たちがおまつりを見にきていた、と確信する人は少なくなかった。

「ああ、やっぱり、みんな見にきているんだなって思ったよ」

と、しみじみ語る言葉にも、とても真実味があった。

震災から、わずか半年だった。一面焼け野原となってしまった町を前に、人々は一丸となっておまつりをやる、というわけにはいかなかったという。氏子のあいだでも、参加する郷土芸能の団体のなかでも意見は割れて、ときに言い争いになった。

「こんな状況で踊れんのか、人も見つかっていないのに、まつりどころじゃないと言う人と、こんな状況だからこそやったほうがいいと言う人と、半々でした。でも、自分たちのためじゃないんだ。今やらないと子どもたちが離れていってしまうんだと思って、譲れなかった」

「若いやつらを集めて話したら、やりたい、やんねえとだめだ、やっぺし、と言ってくれた」

人々の秋まつりへ向けた気持ちは、震災からふた月とたたない五月五日のこどもの日に、おなじ山田町内の関口地区（被災しなかった内陸の地区）の関口神社でおこなわれたという、ささやかな縁日の会場ですでに生まれていたらしい。

地区を越えてそこに参加した、山田地区（山田八幡宮のある地区）の郷土芸能にたずさわる人々から、当時の話を聞くことができた。

「五月は、やっても人来ないんじゃないか、と思った。でも、予想以上に来た。どの団体からも人が来ていたし、総代も来て餅つきのための米を蒸してた。商工会からも人が来て、婦人部のおばちゃんたちの手際のよさに驚いたりもした。七月には関口神社のおまつりがあったんだけど、五月にあれだけ来たんだから、ふつうにおまつりやっても来るだろうと思ってた」

「関口は被災していない地区だったから、まつりには沿岸の踊りの団体もいくつか参加していました。もっとも団体のほうは被災してたから、道具や衣装は、ほとんど寄せ集めだったけど。その日は神社に拝みに来る人も多くて、ああやっぱり楽しい、やってくれて、どうもありがとうって言われて。それで、山田（山田地区）もやんねばだめだって。確かに批判はあるんですよ。でも、おまつりを待ち望んでる人も、なかにはいるんじゃないですか」

「山田の人間が、なにが力になるかといったら、まつりだ。人間は神経が弱い。気持ちが沈んでいると、前へ進めない。まつりをやれることで、来年もある、俺たちもがんばっぺ、と思える。へんな言い方だけど、亡くなった人は供養するしかない。生きている人間は、前へ進むしかない。それにはパワーがいるんだ。やっぱり、まつりをやらないと」

「俺は、個人的にはやると思ってました。やるもんなんだと。ちっちゃくても、神事だからね。町なかを行列はできないですけれども、神社に行って踊ればいいいんだなと」

しかし、答えはないと、秋まつりに参加した人々は言う。なにが正しかったのかという正解

山田町内の各地区図

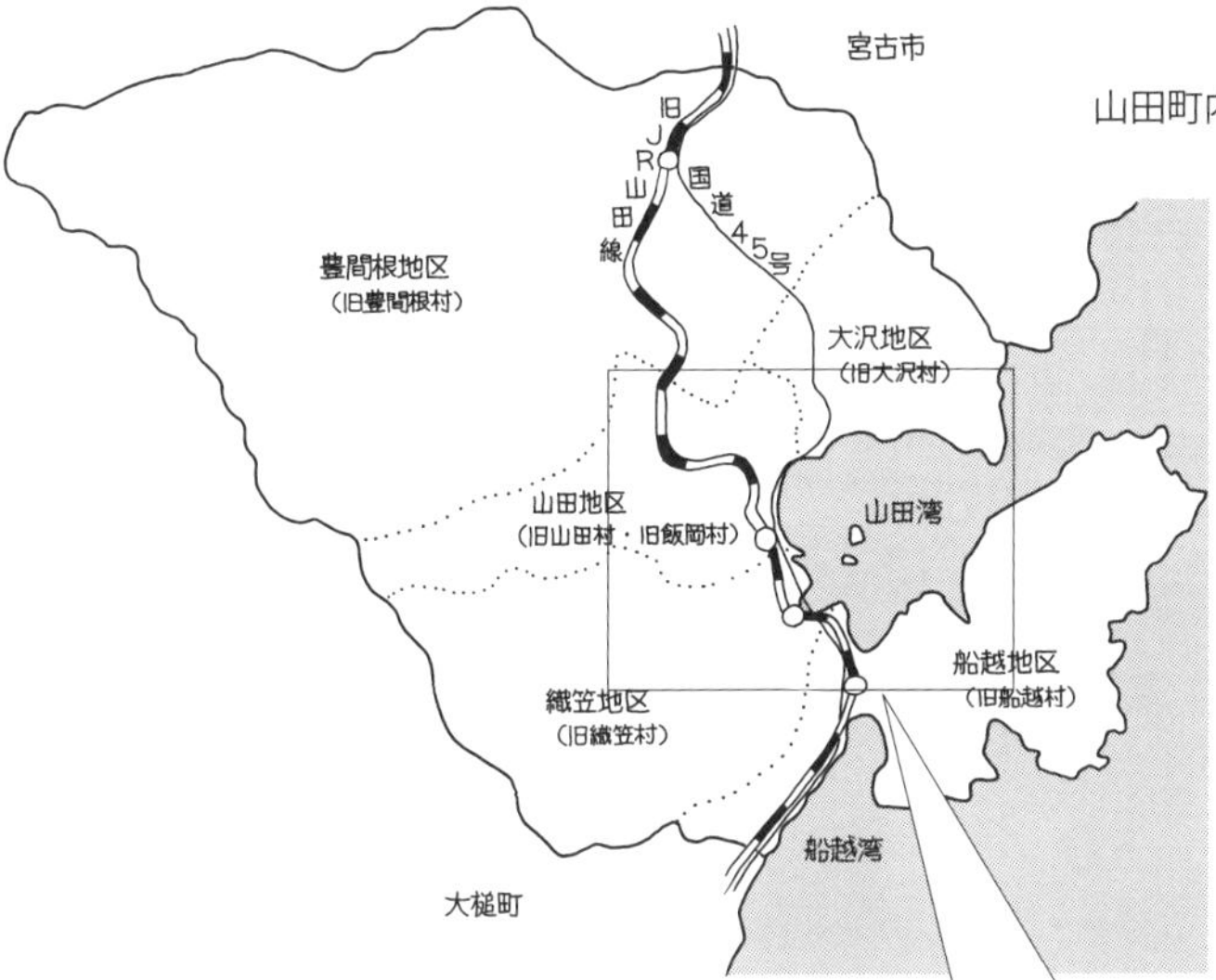

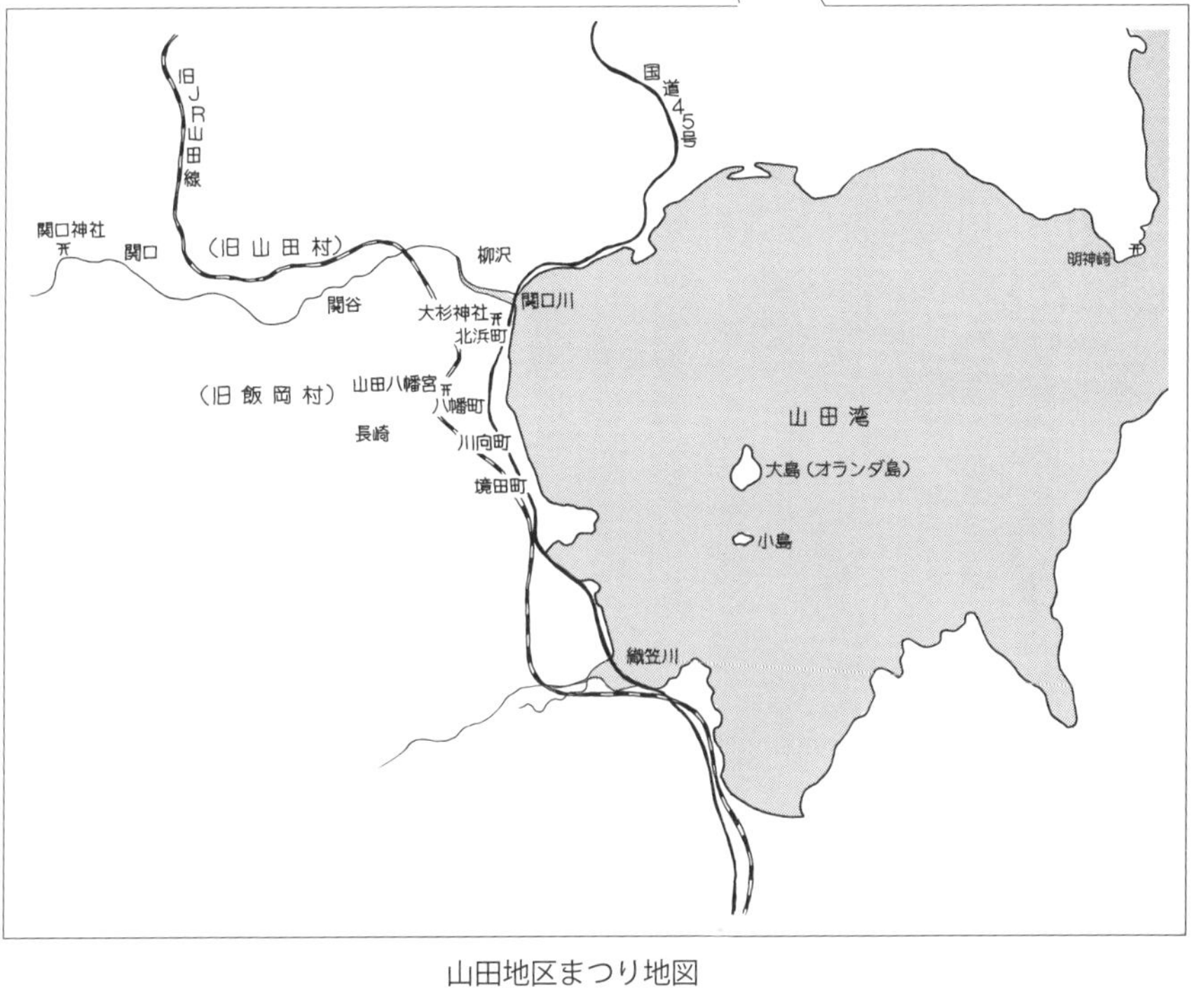

山田地区まつり地図

はない、と。

そうして、例年より規模をうんと縮小しておこなわれた二〇一一年の秋まつりだったが、私があんなに感動した秋まつりも、おまつり好きの町の人たちによれば、

「二〇一一年のおまつりは、神輿が出なかったから、つまらなかった」

という。

実は秋まつり、すなわち「山田祭」は、本来ならば山の上にある山田八幡宮と、海のすぐそばにある大杉神社という、ふたつの神社から出る神輿を中心に、三日間かけておこなわれる盛大なおまつりだったのである。

通常ならば、

一日目　山田八幡宮の宵宮祭（夜）
二日目　山田八幡宮の例大祭（山田八幡宮の神輿が出る）
　　　　大杉神社の宵宮祭（夜）
三日目　大杉神社の例大祭（大杉神社の神輿が出る）

というふうに開催されるのだが、しかし神輿が出られなかった震災の年は、ふたつの神社の合同の宵宮祭《よいみやまつり》と例大復興祭として、九月十七日と十八日の二日間のみ、境内のなかだけで、

郷土芸能の奉納にしぼっておこなわれたのだった。

ところで、おまつりを一緒にやってきた山田八幡宮と、大杉神社とは、どんな神社なのだろうか。

今でこそ、山田湾をぐるりと囲んだすべての集落をあわせて「山田町」と呼んでいるが、それらの集落には明治の町村合併よりずっと前から、それぞれに自治と信仰があった。

山田八幡宮は、その集落のひとつである旧飯岡村の人々によって、また大杉神社は旧下山田村（下山田村は、明治三年に上山田村と併せて山田村になった）の人々によって、代々祀られてきた神社だった。だから町の人々は親しみをこめて、それぞれを「八幡様」、「大杉様」と呼んでいる。

しかし、ふたつの神社がなぜ、いつからおまつりを一緒にやるようになったかについては、正確に知る人はいないし、文書にも残されていない。

山田八幡宮の起源は、言い伝えによれば、源義経の北行伝説にもとづいている。平安時代の末期、兄の源頼朝に追われた義経が、平泉での難を生きのびて、北へ逃れていったとされる伝説である。

その義経の家臣が身につけていた清水観音像が、この地に祀られて、観音堂がつくられた。

そして江戸時代になって、町の豪商がおなじ山に武内宿禰《たけうちすくね》（大和朝廷の時代に活躍した人物）を氏神様として祀ったが、のちの南部藩の「一村に一氏神」の方針に従って、旧飯岡村では山に祀られていた神様を合祀して、「武内神社」とすることにした。

その後、武内神社は明治の廃仏毀釈をへて、応神天皇（誉田《ほんだ》別尊《わけのみこと》）を祀る「山田八幡宮」になったという。

昔の信仰の名残をとどめるかのように、山田八幡宮の拝殿には「武内社」と「八幡社」と書かれた二枚の古い札がかけられているが、その裏に本殿がつくられる昭和四十八年までは、人々は拝殿から山そのものを拝んでいたのではないか、と言う人もいる。

いずれ神社に祀られる神様の正体というものは、とても漠然としているが、町の人々にとっては、どんな「神様」なんだろう。

秋まつりで、八幡大神楽を踊った青年の恭しい所作を思い出して、

「おまつりの日に、鳥居の向こうには神様がいるんだ、と思わされました」

と話すと、八幡大神楽保存会の人たちは、真面目な顔になって、

「私たちは、いると思っているんです」

と、答えてくれた。

それでは、みなさんが神楽を踊るときに思い浮かべるのは、どんな神様なのでしょうか、ときくと、

「畏れ多いもの。畏れ多いけど、守ってくれるものです」

「小さいときから、親父に言われてきましたもんね。神様見れば、まなこつぶれっけ、見るも

山田八幡宮境内でのまつり準備の様子

んでねえって」

と、返ってきた。

山田八幡宮は、このたびの震災では火災をまぬがれ、無事だった。町の中心部を焼き尽くした大火は、神社のある山の木々には燃え移らなかった。

このことについて、ある若い町民が、とても正直な胸の内を聞かせてくれた。

「昔から火事の多かった町ですが、八幡様は絶対に燃えないといわれていたので、震災後に八幡様へ拝みに行った老人もいました。でも、神様だけ残って、町が消えてなくなるなんて、俺は最初は『神様、なにやってんだ』って思ったんです。守るのが神様じゃないのか。こんなに町全体で自発的にまつりをやって、神様を大事にするようなところは、ほかにない。イベントみたいになっちゃったまつりしか知らない人から見たら、山田の八幡様は幸せだっていわれていたのに……。

だけど、時間がたつにつれて、震災のあと、感謝や祈りの気持ちが深くなるにつれて、やっぱりうちらの神様なんだ、うちらの神様はここしかないんだという思いを、みんなが持っているんだと思うようになりました。

震災前に子どもが生まれた親戚がいるんですが、そのときにもらったご祝儀が焼けないで見つかったら、それをすぐに神社に納めに行っちゃった。それでまわりからあきれられたっていう話があるんですけど、でも、そういう神様なんだと思いました。心のなかで、みんなが祀っている。たいして形式ばったことをしなくても、やっぱり大事にしている。口には出さないけど、思ってる。神様って、誇りです」

さて、もうひとつの、海のそばにある大杉神社の起源は、これも伝説として次のように語り継がれている。

天明年間（一七八一～八八年）のこと。山田湾に注ぐ関口川の上流にある洞窟に、なんめい沢（大槌町）の辺りから流れてきた大入道が住みついた。

大入道は、しょっちゅう浜のほうへ下りていっては、町でいろいろ買い物をしてくる。しかし身体が並はずれて大きく、顔じゅうヒゲが濃くて眼の色も変わっていたために、町の人は「あれはただの人ではあるまい」と疑い始め、いざこざの末にみんなで殺してしまった。

大入道の遺体は、山田湾に浮かぶ大島に埋められたが、このあと浜では不漁が続き、海が荒れ、海難事故が相次いだ。

人々は、大島に埋めた大入道を「島の坊」と呼び、多くの災難が起こるのは「この島の坊の祟りではないか」と恐れるようになって、ついにその遺体を掘り起こし、近くの山の頂に埋めて、そこに小さな祠を建てて供養した。

その山は、当時関東との交易で財を成していた地元の豪商、阿部家のもので、山頂には阿部家の商船が利根川を往来していた折りに出会った、「あんば様」と呼ばれる漁の神様が祀られていた。「あんば様」は、「網場大杉」という、茨城県の霞ヶ浦のほとりに本宮をかまえる神様で、そのあんば様と、島の坊の霊とが山の頂に合祀されたことが、大杉神社の創建となった。山は、現在の柳沢地区にあり、山頂からは山田湾が一望できる。海の神様を祀るには、ふさわしい場所なのだろう。

しかし、阿部家はその後破産して、柳沢の山も手放さなければならなくなってしまったために、大杉神社は嘉永六年（一八五三年）に、浜に面した集落の一画に移された。今は北浜町と呼ばれる、その一帯は、

「昔は、時化《しけ》になれば家が水に浸かってしまった」

といわれるほど、海に近いところで、

「柳沢の山の上にいれば無傷ですんだろうに、大杉様は北浜に下ろされたために、何度も津波や火災の被害に遭っている」

と、地区の人たちは言う。

阿部家が代々祀ってきた氏神様ではあったけれども、北浜に下りてきてからは、大杉神社はその集落で祀られる鎮守の神様となり、地元の人々の信仰はとてもあつい。それを裏づける、いくつもの逸話がこの神社にはあるらしい。

昭和二十年八月九日に、山田町は米軍の空爆を受けて、そのとき大杉神社も全焼してしまうのだが、北浜町そのものにはさほどの被害がなかったために、人々は、

「大杉様が身代わりになって、守ってくれた」

と、思ったという。

また、戦後間もなく大火事が発生し、町の南側が全焼してしまったときも、北浜だけは無事だった。

「すべて、神様が守ってくれている」

と、北浜の人は言うのである。

しかし、火災に強い鉄筋コンクリートで再建された神社も、海からわずか一五〇メートルほどしか離れていないために、今回の大津波で壊滅的な被害を受けた。

住宅密集地といわれていたまわりの家々はほとんど流されてしまい、神社の境内にあったといわれる松の木々ももはや見る影もなく、ただ金属製の大きな鳥居だけが、ぽつんととり残されたように立っている。

壊れた神輿堂のなかで見つかったという神輿は、建物に押しつぶされて、原型をとどめていなかったらしい。北浜の氏子たちによれば、

「大杉様は、本当に運がない。神輿は二〇〇九年に修理に出したばかりだったから、たった一回おまつりに出ただけで被災してしまった。ぺしゃんこにつぶれていたのを、みんなでなんとか形にして、秋まつりの境内に飾ろうと思って組み立てたんです」

あの秋まつりの日に、私は気がつかなかったのだが、その神輿は形だけは取り戻して境内に

置かれ、おまつりを見守っていたのだった。

　ばらばらになっていた神輿の部品を、町の人はひとつひとつ手にとって、泥をぬぐったという。海水に浸かってしまった鳳凰の飾りは、さびないように、特にきれいな布で拭いて、拭いたらまた新しい布にとりかえてというふうに、とても丁寧に扱われた。家族や、住む家を失くした人々の手によって。

　当時をふり返って、ある寄せ書きに、こう書き記した人がいた。

「震災でつぶれた神輿が、バラバラのまま片付けられていたのを見て、涙が出ました。行方不明の家族を探すのに懸命でしたが、それを見て、忘れていたなにかを思い出しました。家族も神輿が、まつりが、大好きでした」

　大杉神社もまた、山田八幡宮と同様に、歴史をさかのぼれば複数の神様がともに祀られている神社だが、北浜の人はこんなふうに言う。

「ひとつの神社に、ご神体はいくつもある。ひとつじゃない。島の坊、あんば様のほかにも、柳沢の山の上にいた、さまざまな神様も合祀されているはずです。我々にはご神体がいくつあるのかわからないが、神輿にのせるのはひとつでしょう。宮司がどうやってのせているかは、誰にもわからない。だけど我々にとっては、なにがのろうと神様なんです」

　山田八幡宮と大杉神社。そこから出るふたつの神輿は、おまつりの日には、お互いの神社を参詣するために行き来をし、また両地区のすべての郷土芸能の団体がどちらの神輿行列にも入って、どちらの神社でも踊りを奉納してきたという。

私は、山田町のある長老から聞いた次の言葉が、とても気になっている。

「神輿の横に来ると、若者たちはスーッと一列に行儀よく並ぶ。これが信仰なんですよ。彼らはおまつりのときには、普段の心のあり方、ものの考え方を一瞬捨ててしまうんです。今から神様にご奉仕するんだ、という気持ちになるんです。彼らのなかの、そういう霊感が、彼らをそうさせるのではないかな」

霊感とは、なにか。言葉にはならないものを、自分はテーマに据えて追いかけようとしているのかもしれないと、私ははたと気づかされ、考えさせられてしまった。

五章 八幡大神楽

秋まつりで、トップバッターで踊った八幡大神楽。そのメンバーと直接縁を持つことができたのは、震災の翌年に東京都内でおこなわれた、復興支援のためのイベント会場でだった。催しのあと、休憩室で彼らをつかまえて、

「あの日、鳥居の向こうに神様がいると思わされました」

と、一方的に秋まつりの感想をまくしたてた私に、下を向いていた若者が顔をあげて、

「ありがとうございます」

と、言ってくれた。まさかお礼を言われると思っていなかった私は、本当に恐縮してしまった。

以来、山田町へ出かけていくたびに、彼らと、彼らに紹介してもらった多くの人と知り合い、私は「山田祭」に関する取材活動を広げていくことができたのだった。

震災から間もなかったおまつりで、必死の舞いを見せてくれた各郷土芸能の紹介を織りまぜ

ながら、この物語を進めていきたいと思う。

あの秋まつりの日には一組だけで出ていた八幡大神楽だったが、震災前は獅子の頭《かしら》は三つあって、いつも三組で出ていたそうである。

しかし、頭《かしら》も衣装も道具もすべて、「宿《やど》」に置いてあったものは震災で失われてしまった。

宿とは、郷土芸能をやる人々が集うところである。保存会の会員たちによれば、「まつりの日にはそこからスタートし、そこに帰る、聖地みたいな場所」だそうだ。

八幡大神楽では、三代にわたって会長をつとめてきた家の二階の部屋が、昔から宿として開放されてきた。運送業を営み、大きな倉庫があったので、そこに屋台など置くこともできたというその家は、津波では流されなかったのに、その後の火災で焼けてしまった。

震災後は、その家のあったところに仮設店舗が建てられて、いくつかの商店が入ったが、二階の一室は再び八幡大神楽の仮の宿として使われることになった。

畳敷きの部屋に据えられた神棚には、焼け跡で見つかったという、焦げて真っ黒になったてんぴら（手平鉦《てびらがね》）の片方が供えられている。

八幡大神楽は、山田八幡宮（以下「八幡宮」）のもとに開けた、八幡町と呼ばれる地区を中心に栄えてきた郷土芸能で、八幡宮のおまつりに出るようになったのは、明治十九年ごろからといわれている。

神社には、

「明治十九年六月十八日の八幡宮・大杉神社の祭典より、川村沢蔵より引廻（八幡町の旧名）の鎌田留蔵に依頼、鎌田氏は祭典には代々奉仕を誓う奉告祭をとり行い申し候」

という記録が残されていて、これをもとに、会員たちから聞いた話をつなぎあわせていくと、次のようになった。

昔、町内の水産加工組合の人々が伊勢参りに出かけ、土産に獅子頭を持ち帰った。紙でできた張子の頭《かしら》だったが、せっかくだから、これで神楽をやれないかという話になって、みんなで鎌田留蔵という人物のもとへ相談に行った。鎌田留蔵は、大きな貨物船から小船で荷物を陸へ渡す「はしけ」という、「今の宅配便みたいな仕事」をしていて、たくさんの人足を雇っていたという。町内の顔役のような人だったのだろう。

組合員たちの話を受けて、その鎌田留蔵は、おまつりのときに隣町の大槌町から神楽衆を呼び寄せて、張子の頭《かしら》をかぶって踊ってもらうことにした。

しかし、やがて町に鉄道が通るようになると、はしけの商売も厳しくなってきて、そこへ不景気の波も押し寄せた。おまつりに神楽を出すには、それなりにお金がかかる。道具や衣装を揃えたり、来てもらった人たちには、お礼もしなければならない。

さらに明治、昭和の大津波が町を襲い、戦争が始まって、神楽の活動はその後何度も中断さ

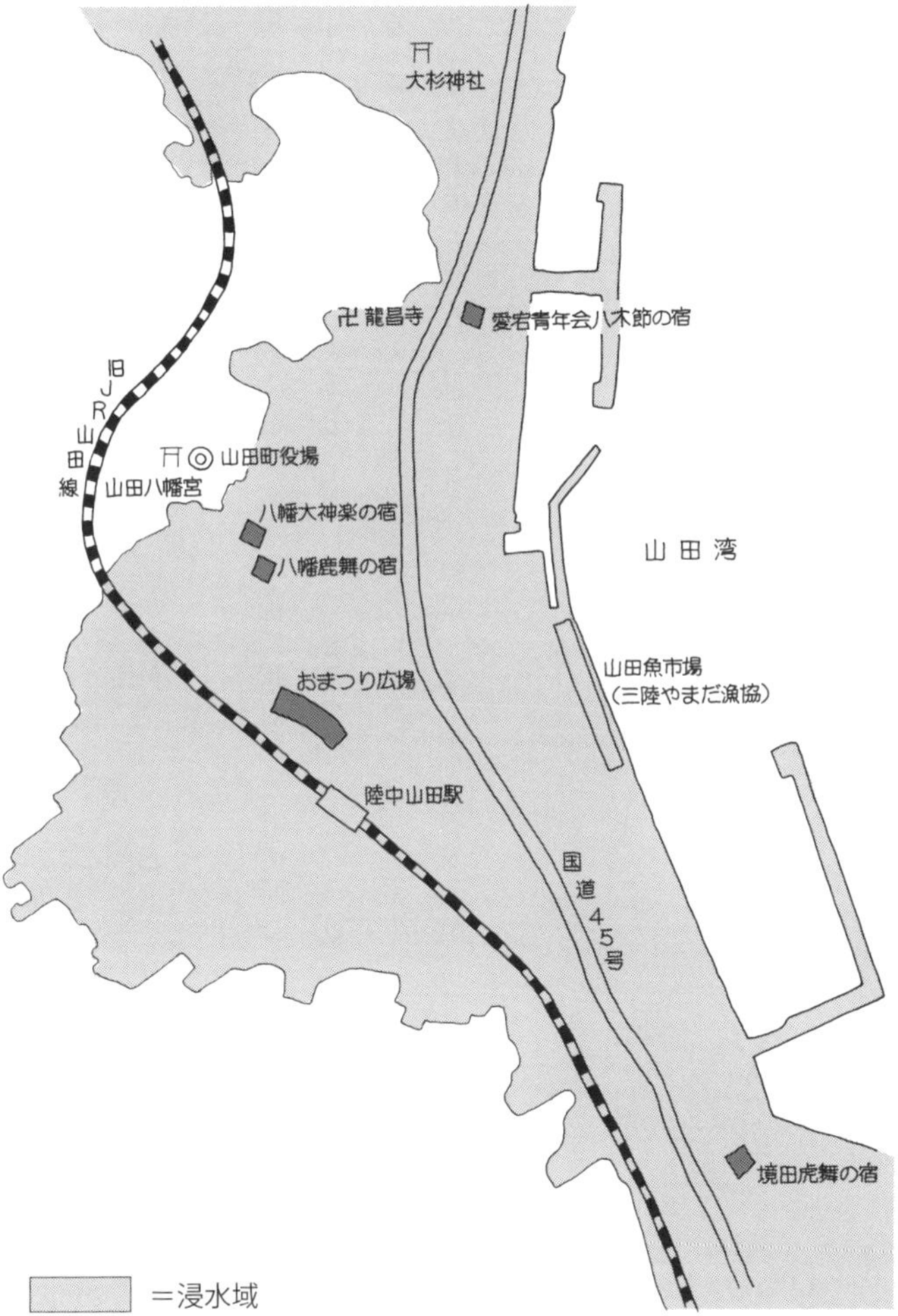

山田町中心部の浸水域図

れることになった。

そして戦後になって、獅子頭を預かっていた鎌田家の親戚筋のおばあさんが、

「夢に権現様が出てきて、神楽をやってくれと言っている」

と語ったのをきっかけに、ほかの地域から神楽のできる人を呼んできて教えてもらおう、ということになり、活動は再開された。

「権現様」とは、神仏が仮の姿で人々の前に現れるときの呼び名で、神楽をやる人々にとって、獅子頭は神様そのものであるとされ、いつも神棚のもとに大切に置かれている。

ちなみに、そのとき八幡町に神楽を教えにきたのが、おなじ山田町内の関谷地区に伝わる山田大神楽の人たちだった。秋まつりの日に、よく似た神楽が続けて舞われた理由が、これでわかった。

戦後しばらくのあいだ、八幡大神楽では先の張子の頭《かしら》に幕をつけて踊っていたが、その後、桐でつくったものに替えられた。しかし、記念として残されていた古い張子の頭《かしら》も、新しい桐の頭《かしら》も、今回の震災でみんな焼けてしまった。

神楽の会員たちから以上のような昔話を聞き出して、まとめる作業は、実はなかなかさて。簡単には進まなかった。記録されたものがないために、話をしてくれる人々はいつもどこか半信半疑だったり、人によっては正反対の情報をくれたりするからだった。

これまで、何度も津波や火災の被害に遭ってきた町では、そのたびに昔の記録が失われてし

まう。だからこの町で歴史をさかのぼるのは、至難の業なのである。

「郷土芸能がなぜ始められたのか、あるいは復活したのかという本当の経緯というのは、わからないものなんです。記録もないし、記憶している人もいない。記録がないから、みんな人から聞いたことを、自分の好みや都合で脚色していく。でもね、わからないのがいいことなんですよ」

　最後の言葉に含みを持たせて、会員が明るい顔で言う。

「そもそも一度途絶えてしまったものを復活させようとなったとき、身近に伝承者がいないので、ほかへ習いに行ったり、ほかから教えに来てもらうでしょう。そうすると、その教えてくれる人の出身地の踊りに、とても似通ったものになっちゃうんです。我々の父や、祖父の代のころの踊りもおはやしも、今とは違っていたはずなんです。今の踊りは、おなじ山田町内の関谷地区から教えに来てもらったものだから、それとそっくりになっちゃってるんですよ」

　だから、なおのこと、ふたつの神楽はそれぞれに、個性的な演出を競い合おうとした。

　八幡大神楽の鮮やかなスカイブルーの半てんや、幕にデザインされた大きな牡丹の花は、いわば彼らのトレードマークである。二人立ちで踊る獅子が頭を下げたときに、頭《かしら》の上で幕を目いっぱい広げて、この牡丹の花をきれいに咲かせられるかどうかが、この団体の踊り手の腕のみせどころであり、見せ場のひとつになっている。

　しかし、いつ、いったい誰がそういうデザインを幕や半てんにほどこしたのか、ということになると、会員の誰に聞いてもわからない。

「さあ……子どものころからあったよ」

「要するに、やったもん勝ちでしょ。やっちゃえば、それが伝統になっていくんだから」

「なんだって、一〇〇年続けば伝統になるんです。踊りも、笛も、太鼓もね」

彼らはあっけらかんと、そう言い切る。

実際に、変わっていくのは踊りだけではない。笛も、楽譜がないために、教えてくれる人の好みの音曲に自然となってしまうという。

「これまで何度も中断し、復活し、指導者の入れ替わりをへて、少しずつ形を変えながら伝承されてきたものであるから、もはやこれが正統だ、と言えるものはないんです」

それよりも、彼らにとって肝心なことは、ほかにある。

「今の形をずうっと続けていったら、それが俺たちのものになるんです。そして、俺たちの子どもたちにとっては、それが本物であり、伝統になる。子ども時代に身体にしみこんで、大人になってから再びそれを見たり、聞いたりしたときに、懐かしいと思えることが、もっとも大切なことだから」

昭和四十年代の半ばごろ、笛を吹ける人が一人もいなくなってしまったことがあった。おまつりの日には、カセットテープをかけてしのいだという。

「でも、だからといって、そのころ自分たちが下火だったとか、そういう印象はないですよ。

漁師の景気も良かったから、まつりそのものは、今よりずっと盛大だったしね」

彼らにとって大切なのは、おまつりそのものだった。大好きな神楽も、おまつりがなければできないのだ。だから、笛の後継者がいないと伝統が途絶えてしまわないか、という危機感よりも、

「まつりができればいい」

という、おおらかな明るさのほうが勝っていて、その結果、神楽を衰退させずにすんだのである。

おまつりがあったからこそ、八幡大神楽は生きのびて、その後また勢いづくことができた。そうして、笛が自前でできるようになったのは、カセットテープをかけていたころに生まれたメンバーが中学生になったとき。

「昔の人が、笛は無理だって。覚えられないだろうって言うんで、おまつりのときには、よそから笛のできる人を呼んでいました。その人が来られないときには、カセットテープで。でもね、やってみたら、意外とできるんですよ」

きっかけは、当時町内でいちばん元気の良かった境田虎舞が、銀座へ踊りに行ったことだった。

「当時の会長が、笛が吹けるようになったら、お前たちも銀座へ連れてってやるっていうんで、よしやってやるって練習を始めた。では教えます、というんじゃないんだね。会長が、若いも

んをけしかけたんだ。だって銀座、行きたかったからね。

これは持論なんだけど、中央から離れたところの芸能っていうのは、どこかそういうところがあるんじゃないかな。俺は、俺たちのやっていることは、むしろ宴会芸だって思うことがある。地元の、町内の宴会芸。祝いごとがあれば、その家へ踊りに行く。地域のつながりがおまつりだというのは、だからあたり前のことなんです。

俺たちは、基本的には楽しみながらやっている。確かに、神様への奉納って気持ちはあっけども、その前に、まずみんなが楽しくやるっていうか、そんなにかしこまってやってるわけじゃないんです」

銀座へ行きたくて覚えた笛を、彼らは今、自分の子どもたちに教えている。神楽では重要な位置を占めるといわれる笛だが、やってみたら、

「若い子のほうが、よく覚える」

という。子どものころから聞いていれば、拍子はもう頭のなかに入っている。

神楽の練習は、毎年おまつりのある九月に入ってから始められるので、練習期間は二週間くらいと、そう長くはない。

その風景は、とても自然だ。次はなにをやります、という進め方ではなく、ただ途切れることなくおはやしが奏でられるなか、流れるように人が交代し、獅子頭をかぶっては踊る。気心の知れた者同士の、あうんの呼吸というふうだ。

「おはやしが全部頭に入っていれば、どこかで間違えても、すぐに合わせられる。太鼓も、笛も、踊りもね。ところが別個に練習して、教えたとおりにしかやらないと、合わなくなってくるんです。それを、みんながわかっていれば。楽譜があるわけじゃないんで」

踊りの上手い人というのは、手や足の端々まで神経がゆき届いているもので、たとえ身体の小さい人でも、踊ると獅子がほかの人よりひとまわり大きく見えることがあるらしい。後ろで幕を持つ人も、獅子に背骨があるように動くことで、上手さが出てくるという。

「最初はみんな、おなじ型をひと通り教わるのだが、それを覚えたら、今度は自分の芸をどう磨くか。上手い先輩のを見て盗んだり、自分で鏡を見て工夫したりが楽しいんです」

そう話す先輩たちは、あの秋まつりの日に神社で踊った青年たちを、どんな日で見守っていたのだろう。

「たぶん、うちの若いもんが頭《かしら》をかぶるときも、神社の奉納のときはそれなりに思いをもって、祈りをこめて踊っていると思うんですよね。しゃべんねえだけでね。最高級の踊りを奉納するんですよ、神様には。中学生、高校生もだんだん上手になってきて、ああこれならいいってふうになれば、今年は神様だ、デビューってね。神社で踊るのに選ばれるのは、嬉しいことですから。ステイタスにもなるし」

八幡大神楽の演目は、

四方固め：東西南北の厄を祓い、災いを鎮める舞い。
歌神楽：獅子が三尺の剣を持ち（八幡大神楽では、剣のかわりに幣束を持つ）人々が祈りをこめた言霊を歌う。
通り：神と子どもたちが一緒になって、太平の世界を表す舞い。
獅子狂い：悪魔にとりつかれた獅子があばれ狂うが、最後にはその霊力で悪魔と災いを祓う。

という、四部構成になっている。

力強く踊られる「四方固め」のあとの「歌神楽《うたぐら》」、そして、子どもたちが出てきてにぎやかな舞いを見せたあとで、今度は一転して獅子が狂ったようにあばれ出す。短い時間のなかで、四つの場面を通して展開されるストーリーは、初めて見る人の心をも揺さぶるに違いないと、会員たちは自負している。

神楽をやりたい、と言って入ってくる子どもたちは、小学生になるとまず「ささおどり」に出る。演目「通り」のところで、赤い半てんを着て、獅子のまわりで輪になって踊る役である。

そして、小学校の高学年になると「ささら」を手に持って、獅子の前に出ることができる。

これは最後の演目「獅子狂い」のところで、あばれ狂う獅子の鼻先で、ささらと呼ばれる道具を摺り合わせ、すばしこく動きまわって獅子の士気を鼓舞する役である。二人立ちの獅子に一人で立ち向かう様は、ひとつの見せどころであり、上手な子どもは獅子を踊る人の癖を知り、その動きを先まわりできるという。

また、獅子をやるほうは、ささらを持つ子どもに対し、「蝶とたわむれるように踊れ、蝶を嚙むように嚙め」と、先代から教わってきたらしい。

そうして、いよいよ獅子頭をかぶれるようになるのは、中学生になってから。

ただし、今はこんな課題もある。

「昔のように、地区の人間だけでやっていたころは、小学生から参加して、この過程をすべて体験しながら育っていけた。そうすると自然に、全体の流れが身についていくものなんだが、子どもの数が少なくなってきてからは、八幡町以外の人にも門戸を開くようになった。そうしないと、あとに続く人がいなくなってしまうから。だけど、ほかの地区から、中学生や高校生になってから参加してくる子どもたちは、獅子頭をかぶれる年齢にはなっていても、その前のささおどりや、ささらを体験していない」

だからといって、中学や高校から参加する子どもたちが上手くなれないということではないのだが、子どものころから参加してきた会員たちにとっては、少々のジレンマがある。

でも一方で、彼らはそれを埋めるような変化も、ちゃんと用意してきた。

一度町外で就職したが、地元に戻って再就職し、改めて神楽を、おまつりを盛りあげようと勢いづいた世代がいる。今、四〇歳前後の彼らは、昔は「神楽を踊るのは、神社だけでいい」と言われていたものを、神社以外の場所でのイベント、結婚式、落成式、年祝いの席などにも積極的にくり出していって、ひとつしかなかった頭《かしら》の数も、イベントで華やかに見えるようにと増やしてきた。そして、それは途中から入ってくる子どもたちにとって、場数を踏める機会を増やすことにもなったのである。

ただ、本来は一対一で踊り手の動きに合わせて吹いていた笛が、一度に二組、三組を相手にしなければならなくなったことで、踊り手のほうが笛のメロディに合わせなければならないという、いささかカセットテープの時代に逆戻りの感がないわけではない。

でも、神楽を続けていくために、いろいろな変化をゆるやかに受けとめながら、今いちばん大事だと思われることを、彼らは常に優先させてきたのである。

そして、そんな彼らにとって、今どうしても譲れない、ひとつのことがあった。

それは、一年といえども休まないで続けていきたい、ということだった。

「今、町の復興を待って休んでしまうと、その間、子どもたちが全然まつりを体験しないで町を出ていってしまうことになる。すると、あともう帰ってこなくなってしまうんですね。五年休めば、小学生の子どもが高校を卒業して、町から出ていってしまうんです」

ただでさえ、おまつりをやるというのはすごく大変なことだから、今年はいいやとなってしまうと、あともうやらなくなってしまうという。人も集まらない、金も集まらないとなれば、再開するきっかけを失ってしまう。

だから、震災後の八幡大神楽は忙しかった。

八幡大神楽

失くした道具や、衣装の製作依頼。獅子頭の復旧は、彫師を見つけるところから始めなければならなかった。それに並行して、盛岡の復興祈願祭を皮切りに、復興支援のイベントにあちこち出かけていった。

震災から、まだふた月しかたっていない五月には、花巻にある染工場に、彼らから幕と半てんの注文が入った。震災直後の、山田町の惨状を目にしていた染工場の人たちは、とても驚いたという。

「被災地を見たときは、一〇年間はおまつりはできないだろうと思っていたのに、六月の復興祈願祭に間にあわせてほしい、と言われたんです」

復興祈願祭は、震災から三か月後の六月十一日に、盛岡の桜山《さくらやま》神社でおこなわれた。沿岸の郷土芸能が奉納されるにあたって、山田町からは八幡大神楽、関口不動尊神楽、愛宕青年会八木節が参加した。

当日は、

「今できることを、やらせていただきます」

と、語った会長の挨拶のあとで、

「みんな泣きながら踊った」

という。

当時をふり返って、会員たちが言う。

「飲まなきゃ、やってられないような毎日だったけど、神楽に来れば、次はこれ、次はこれって、目標を見つけていけたのが良かった」

「人さえいれば、なんとでもなるのだ。道具なんて、そんなのなくていい」

「できるだけで、楽しいかな。あれもなくて、これもなくて、なんにもないなかでも、できたから。生きてて良かった。できて良かった。八幡様が残って、良かった」

太平洋戦争が終わって間もないころ、雨のなか、張子の頭《かしら》をかぶって踊る八幡大神楽の姿を、記憶している町民がいる。

「紙でできてるから、濡れて、ゆがんじゃって。それでもかまわず踊ってる。本当に好きなんだな、と思いましたよ」

震災の翌年の、二〇一二年三月。

東京公演の舞台あいさつで、保存会の会長が少し声をうわずらせながら紡ぎ出した言葉は、彼らの八幡大神楽を思う気持ちを、広く人々に向けて翻訳しているように思われた。

「歌神楽のなかに、『身は三尺の剣をもって悪魔をはろうてよいはない、、、（「よいわなあ」つまり「良い」）』という歌詞がございます。悪魔を祓い厄を祓い、皆さまに福を呼ぶ踊りとして、今までずっと受け継がれて参りました。ご支援いただいた皆さま、本日ご覧いただく皆さまが、神楽を踊ることによって厄払いをして、幸せになっていただくように願うことが、我々にとってご支援いただいた皆さまへの、少しでも恩返しになるかと、そう信じて、これからも踊り続けていきたいと思います」

この舞台が終わったら、彼らはまたあの町に帰るんだなあと、当時の山田町の殺伐とした風景を思いながら、私は複雑な気持ちがした。

六章　八幡鹿舞

「八幡鹿舞」は八幡大神楽とともに、八幡町で栄えてきた郷土芸能である。

獣の肉のことを昔から「シシ」と言うことから、鹿舞と書いて「ししまい」と読む。音だけ聞くと、「獅子舞」と混同されることもある。山田町の人は、ちょっと訛って「すす」と呼ぶ。

秋まつりでは、リボンのような長くてうすい木材を束ねたかつらをかぶった二人の踊り手が、全身を使ってそれを振りまわし、激しくぶつけ合うという、体当たりの舞いが印象的だった。

リボンのように見えたものは、「カナガラ」と呼ばれる。木材をかんなで削ったガラ（くず）なので「カンナガラ」。それが縮まって、「カナガラ」になったそうである。

昔、八幡宮の宵宮祭では、境内にかがり火が焚かれ、それは神がかっていたと町の人は言う。ほの暗い神社への階段を、カナガラを身にまとった、人でも獣でもないようなシルエットの者たちが、太鼓と笛の音に合わせ「ホウ」、「ホウ」とかけ声を揃えてのぼっていく姿は、怪しくも荘厳であったに違いない。

郷土芸能には、虎舞や八木節のように、まわりがわぁっと華やぐような、みんなに人気のある芸能もあれば、はまる人だけがはまる、という個性的な芸能もあって、鹿舞には後者の、特定の人の嗅覚だけを刺激する、独特な匂いがあるようだ。

保存会の会員たちは言う。

「子どものころ、親に手を引かれてまつりに連れていってもらったときから、鹿舞ばかり見てました」

「俺が鹿舞を始めた理由は、ただあの面とカナガラに魅せられただけです」

「宵宮の夜に、八幡様の階段をのぼっていく鹿舞の姿に惹かれました。それ以外、深く考えたことがなかった。その一員になりたい。境内で踊りたい。神輿にくっついていきたい。最後にはボロボロになって、踊る姿がいい」

そんな「コア」なファンたちが、自ら鹿舞を踊り、伝え受け継いでいる。

「昔は、子どもが参加するものではなかった」

といわれる鹿舞に、子どものころ一人で飛びこんでいったという会員に、話を聞かせてもらった。

「鹿舞の太鼓と笛の、あの低音に惹かれました。高い音から始まる派手なおはやしもあるけれど、なぜか自分は下から這いあがってくるような、低音のほうに惹かれました。まだ幼稚園に通っていたころで、同世代でやりたいという子どもはほかにいなかったし、当時は今ほど親が子どもに関わっていない時代だったから、一人で申し込みに行ったんですが、小学生になってからだって言って、断られた。でも、小学生になってからも、一緒に参加する友だちはいなかったので、結局一人で参加しました。練習が始まるのは夜だし、神社までの道は暗いし、怖くなかったのかなと思うんだけど、思い出せない。なんでだろう。半てんの色なんか緑色で、神楽や虎舞に比べたら、恐ろしく地味なのに。でも、その地味なカラーに、理由はわからないけれど惹かれてやって来るような人たちが、鹿舞には集まってきているんです」

笛を吹いている若い女の子たちさえ、こんなふうに言う。

「ほかの団体のおはやしはにぎやかで、スピーカーを使うところもあるけれど、それに負けないで、ひたすら低い音を吹いているのがまたいいんです」

八幡鹿舞には、謎が多い。

岩手県の沿岸部に散見される、鹿をモチーフにした伝統芸能はたいてい「鹿踊り」と呼ばれ、「鹿舞」というのはめずらしい。なぜ「舞」なのか、町の人々はさまざまに憶測を重ねる。

「『踊り』は上下に動くものを、『舞』は円を描くようなものをいうので、鹿舞なのではないか」

「『踊り』は比較的新しいもので、『舞』がつくのは古いんじゃないか」

「『踊り』は楽しくリズミカルに見せるものだが、『舞』といえば静かに、音をたてないで舞うもの。昔は音をたてず、静かに舞ったのかもしれない」

由来についても、よくわかっていない。

神社に残された記録には、

「安政元年（一八五四年）に、下駄屋の上野茂助という人物が鹿の頭《かしら》を一二つくって観世音様（八幡宮）に奉納したが、ふたつ盗まれた」

とだけ書かれていて、その鹿の頭《かしら》を用いて、八幡町の人々が宮古の老木《ろうき》という地区の古老に指導を受け、始めたものだったらしい。

ほかには、

「明治二十一年六月十八日のおまつりに、鹿舞が奉納された」

と記されているくらいで、それ以上のことはわからないという。

ただ、昭和四十八年に八幡宮の境内に本殿がつくられたとき、同時に建てかえられた倉庫のなかから、鹿舞の道具一式とともに古い太鼓の胴が出てきて、そこに「天保十五年（一八四四年）」と書かれていたことから、

「天保年間には大飢饉があったから、もしかしたら餓死者を供養するために太鼓がつくられて、鹿舞が舞われたのかもしれない」

と、想像する会員もいる。

鹿舞もまた、八幡大神楽のように過去に一度は衰退し、時をへて復活したものなので、古くからの歴史に通じた人がいないのである。

ベテランの会員に聞いても、

「鹿舞の歴史は、わからない。年輩の人に聞いても、わからない。みんな知らない。一二あった頭《かしら》がふたつ盗まれたって話も、実は衰退していた時期に飲み代がわりに売り飛ばされたんだっていう説もある。宮古のほうから伝わったって聞いてはいるけど、そこの鹿踊りを見ても、似てないし」

カナガラの下半分を紅色に染めるというのも、ほかの地域にはあまり見られない、めずらしいことらしいが、その意味もわかっていない。

ちなみに、カナガラは日持ちがせず、使いまわしがきかないので、おまつりのたびに新しく作り直される。

「ひき立てではクリーム色をしているのに、日に当たると茶色くなってきちゃうし、乾燥するとパリパリになる」

今は機械で削っているが、昔は町に大工がたくさんいたので、毎年おまつりの前に、かんなを使って削り出されたそうである。

昔を知る会員いわく、

「六〇年くらい前のことだったと思いますが、一間（約一・八二メートル）くらいある長い木に、かんなをかける作業を見たことがあります。若い大工が二人横に並んで、汗だくになって黙々とひいていました。長い木をひくから、腕のいい大工がやらないと途中で切れてしまう。

鹿の頭《かしら》一〇頭分を削るのだから、大変な作業だったと思います」

木材は、昔はヒノキを使っていたが、今はスプルスというアメリカの松を使う。

「ふつうの松だと、ちぎれやすくて。おまつりで三日間踊ると背中が見えてきちゃうし、雨降れば一発」

ひいたカナガラは、たこ糸で編んで束ねて、半分を紅で染めてから竹を編んだざるにくくりつけ、そこに頭《かしら》を固定する。

カナガラを染める紅は、今はペンキを薄めて使っているが、昔は食紅を使っていたから、雨が降ると大変だった。

「飛び散って見物人についたり、踊り手自身も、体じゅう真っ赤に染まってしまった。だから、おまつりが終わって銭湯へ行くと、『外で洗ってから入ってくれ』って、怒られたりして。乾燥していても表面は粉状だから、その辺に置いておくだけで、そばにいる人の服について、それはいやがられましたよ」

これら、衣装を作るための一連の作業は、おまつりの直前に会員たちが宿《やど》に集まってやるのだが、

「本当は、作り方を文書に残したほうがいいのかもしれないけど、今のところ口伝えでやっている」

そうである。

日持ちのしないカナガラをつける頭《かしら》は、本番の直前まで完成しないので、踊り手は練習では振り付けだけを覚え、ちゃんと衣装をつけられるのは、おまつりの当日になってから。宵宮祭の直前に試着して、一人ひとりの身長にあわせてカナガラを散髪する。しかし、足首まで届く長さのカナガラをつけた頭《かしら》はとても重くて、実際の舞いで、はたしてこれをきれいに振りあげられるかどうかは、本番の一発勝負にかけるという。

「でも本番中に、少しずつ上手くなっていくんですよ」

と、ベテランの会員たちは涼やかに笑う。

激しい踊りで、ちぎれて宙に舞ったカナガラは、あとで人々が拾ってお守りにするのだが、それは鹿が八幡様の守り神様だからなのだそうである。

そのお守り欲しさに、おまつりが終わってから、わざわざ鹿《すす》たちのカナガラを引きちぎりに来る人もいて、宿に帰ってきたときにはほとんどなにもなくなっていた、なんていうこともあったらしい。会員は笑うが、鹿舞の熱心なファンによると、

「カナガラは、手でちぎっちゃだめ。踊って、踊って、ちぎれたからこそ、ご利益がある。昔は、おまつりも三日目になると、鹿《すす》たちはもうボロボロになって尻が見えていたが、今素材が良くなったせいか、ちぎれにくいね」

鹿舞は、笛の音をバックに太鼓六人と、踊り手一〇人で構成される。

一〇頭の鹿にはそれぞれ個性があって、物語のなかで、おのおの役どころを持っている。

七つの演目は、

おうさま（王様）
はやまわり（早回り）
ひざたて（膝立て）
ひざくずし（膝くずし）
かたあわせ（肩合わせ）
さんぼう（三方）
たゆうびき（太夫引き）

このなかの「さんぼう」は、私が秋まつりで見て、特に印象に残っている演目である。そのストーリーは、こうだ。

鹿の群れの王者である「たゆう（太夫）」が、雌鹿と仲良くしているところに、若くて強い雄鹿が不意打ちをかけてきて、両者は雌鹿をとり合って戦う（ここで二頭の雄鹿が、けんか相手に背中を向けて、振り向きざまにカナガラを激しくぶつけ合うのである）。太夫は戦いに敗れ、雌鹿をうばわれてしまうのだが、山へ帰って修行をして強くなり、再び若い雄鹿と戦って、雌鹿をとり返す。そうして王者に返り咲いた太夫は、家来たちを従えて山へ帰っていく……。

八幡鹿舞

山に帰る彼らを見送りながら、会員一同が輪になって、次の歌を歌う。

まわれまわれ　みずぐるま
おそくまわれ　おそくまわれ
てんづくから　ふみがくれば
こどもらがよろこぶ　こどもらがよろこぶ

しかし、この歌詞の意味もまた、正確には伝えられていない。

保存会のOBが、あくまで自分の想像だと言って聞かせてくれたのは、「一家の主を乗せた船が早く沖へ行ってしまわないように、船についている水車よ、なるべく遅くまわってくれ、そして船で外国に行ってしまったお父さんから手紙が来ると、子どもたちが喜ぶよ、という内容じゃないかと思うんです」

「てんづく」は、天竺《てんじく》がなまったもの、「から」は唐（中国）のことだろうと言う。

そして、昔はもっとほかにも歌があったといわれているそうだが、残念ながら、それを知る人はいないらしい。

演目のなかでヒーロー的な役どころを演じる山の神「太夫」は、踊りが一番上手で、しかも親分らしい貫禄をそなえた人がやるのが望ましい、とされている。

一〇ある鹿《しし》の頭《かしら》のデザインは少しずつ違っていて、太夫の頭《かしら》には強者の名にふさわしく、角と角のあいだに剣がついている。

「これをかぶれれば最高で、昔はみんな、太夫を目指して猛練習したんです。練習の場にも太夫の頭《かしら》を置いて、それに御神酒を供えたり、手をあわせて拝んだりしました。町の人も太夫がいちばん偉いと知っていましたから、商売やってる人なんかは、おまつりのときに太夫を店のなかに引き入れてね、そこで『太夫引き』（演目のひとつ）をやってほしいと言ってきた。ツウだな、と思いましたよ。縁起かつぎですから」

太夫とケンカする若い雄鹿は二番鹿《にばんじし》といわれ、踊り手ナンバー2がやる。

「貫禄のある太夫に比べると、もっと荒々しいタイプの人が、この役に選ばれる」

頭《かしら》には鯱《しゃちほこ》をつけている。鯱はよく城の屋根などに見られる、魔除けのシンボルである。そして、太夫の妻の役は踊り手ナンバー3がやる。雌なので頭《かしら》に角はなく、鏡をつけている。

踊り手の、それぞれの持ち味を吟味しながら、配役が決められていく。以上の三つの役はベテランがやり、あとの役は中学生や高校生が担う。

「本番では一〇人しか選ばれないから、昔はみんな競争して、上手くなっていったんです。踊りは、基本の型だけ教わって、あとは自分で芸を考える。自分なりの芸を出せれば、見た人に、お前のはこうだねって言ってもらえる。昔の某さんの踊りはこうだった、と今でも言われるような名の残る人というのは、やはりほかの人とは違う特別の踊りをしたと思うんです。今みたいに映像に残せないのに、人々の印象に残り、今でも語り継がれるような人の踊りは、やはりすごかったのだと思う。そういう人になりたい、なれたらいいと思います」

熱心な口調でそう話してくれたベテランの会員は、

「でも」

と、少し心配顔になる。

「今、大人になっても練習や準備のときに来るのは、よほど好きな人ですね。カナガラを編んで、染めて、頭《かしら》にくくりつけるなど根気のいる地道な作業が続きますし、高校生になるとたいてい部活が忙しくなって来られなくなってしまう。もっとも最近は、中学生になると男の子は来なくなっちゃう。おまつりに出るのがステイタスという時代では、もうないのかな。それに、以前は笛も太鼓も踊りも全部できるという人がたくさんいたのに、今は三つともできる人はいない。

ただ、太鼓が踊り手と組んで踊るシーンでは、両者の足運びがおなじなので、太鼓は踊りをひと通りやれるようになった者がやることになっています。踊りをマスターした人は、おはやしも身についているから、踊りながら太鼓もすぐに叩けるようになるんです」

ほかの団体でもそうだが、かつて郷土芸能に出られるのは、その地区に住む人々だけに限られていた。けれども、子どもの数が減り、出られる人数が少なくなってくると、そうも言っていられなくなって、今や町内のどこの団体も、「集落のもの」といった感じは薄れてきているという。

好きだ、やりたいと思う人たちが集まって、昔からある芸能を途切れさせないようにしているが、それでも後継者不足は否めない。そして、そんな先細り感を抱いていたところを、大震災に襲われた。

「八幡様の守り神」といわれる鹿舞の頭《かしら》は、普段は八幡宮に納められていて、おまつりのときだけ外へ持ち出されることになっていたので、幸いに無事だった。

しかし、古い一軒家を借りていたという宿は、津波で押し流された上に、その後の火災で焼けてしまい、そこに置いてあった衣装も道具もなくなってしまった。

鹿舞の練習場になっている八幡宮の境内で、これからどうするか、みんなで話し合ったとき、会員たちからあがってきた声は、

「やっぱり、踊りをみんなに見せていかないと、『あれに出たい』っていう子どもたちさえ、出てこなくなる。そうなったら、やる人がいなくなっちゃう。なくしたくない」

だった。

太鼓ひとつでも、ふたつでも揃えて踊っていかないか、と。

「震災後も来ている子どもたちは、本当に鹿舞が好きな子ばかり」

という会員の言葉には、あの秋まつりで踊ったあとの、子どもたちのしっかりとしたまなざ

しが思い起こされる。あのとき、カナガラをかぶって踊ったほとんどが、中学三年生だったという。

道具を置いたり、みんなが集うための宿は、活動の拠点である。今は、流されたあとのおなじ場所に、小さな仮設小屋を建ててまかなっているが、今後はどこに再建するのか。もとの八幡町に置きたい、と言う会員と、今回被災しなかった長崎地区の高台につくったほうがいい、と言う会員がいて、どちらが正しいとは言えないが、八幡町にこだわりたいという人の気持ちはこうである。

「やっぱり、まつりの日には八幡町から出ていきたい。長崎地区に宿をつくったら、八幡鹿舞じゃなくて、長崎鹿舞になっちゃう気がする」

郷土芸能の原点が問われるような話である。

それは、こんな思い出話を聞かせてくれた、ある会員の言葉からも感じられた。

「震災前は、三日間のおまつりが終わってから、最後の最後、宿の前で、内輪で『さんぼう』を踊ったんです。この界隈の人たちは、それをやるのをわかっているから、宿の前は近所の人や、鹿舞に子どもを参加させている親たちでいっぱいになった。それと、すぐ近くの八幡大神楽の宿の前でも踊りました。というのは、当時の神楽の会長が鹿舞を好きで、また鹿舞を踊れる人でもあったから。

八幡鹿舞も八幡大神楽も、どちらも八幡町の芸能で、この地区の人たちは、小学生のときには子役で神楽に出て、中学生になってから鹿舞をやり、大人になってまた神楽に戻るというパターンの人が多かった。だから年輩の人のなかには、鹿舞も神楽も両方できるって人が結構いたんです。おなじ町内だから、もともと鹿舞をやっていた家が、神楽をやってる家と親戚関係になって宿を引き受けたり、まあいろいろ混ざり合って今があるわけです。

　それで、おまつりが終わったあと、八幡大神楽がまず鹿舞の宿の前で踊り、すぐ近くの自分たちの宿へ帰っていく。それから彼らの宿の前で、八幡大神楽がまず踊ってから鹿舞が踊る、というのが恒例で、震災の直前までそうでした。狭い道だったけど、運送業をやっていた神楽の会長の家には駐車場があったから、そこから道路まで人がいっぱいに広がってね、見物してました。その時間になって、神社から下りてくる舎人《しゃにん》（神輿のかつぎ手）たちも『ここが、盛りあがり最高だよな』って言って、見にくる。彼らは、おまつりのあいだは神輿をかつぐのに必死で、郷土芸能をゆっくり見るチャンスがないから、これを楽しみにしていたんですね。

　で、鹿舞には『こっこ（子っこ）』っていって、小学生がかぶれる小さな頭《かしら》をふたつ作ってあったんで、これを大人が無理やりかぶってね、身体を小さく丸めて、一〇頭の鹿のいちばん後ろにくっついて、踊って、笑いをとった。これが結構人気がありましてね、次の年も、リクエストが来たんですよ」

「こっこ」は会員の手作りだが、本物に似せて、とてもよくできている。鹿舞をやりたい、という子どもが出てくるようになってから、作ったものだという。

震災があったことを忘れさせられてしまうほどに、淡々とした明るい口調で語られたこの話に、私はおまつりのあとの夜の町に出現した、この上もなく楽しい空間を想像した。

神社のおまつりが終わったあとにも、町内の人々には、いろいろなお楽しみが待っていたのだ。彼らが宿の再建場所にこだわる理由が、私にも少しだけ、わかるような気がした。

七章　境田虎舞

虎縞の幕が海風にうねり、大きな目と口の張子の虎が飛び跳ねると、頭《かしら》についたたくさんの鈴が、にぎやかに鳴り響く。

商売繁盛　ますます大繁盛
境田虎舞　跳ね虎舞　一杯のまねば気がすまねえ
ああこらさっさ　よいさっさ
サンマも大漁　スルメも大漁　……

威勢のいいおはやしとともに、黄色い半てんを着た人々の群れがやって来ると、なんだか無性にわくわくしてくる。

来れば、その場の雰囲気をがらりと変えてしまう、この人気の芸能は、会員数がもっとも多いときで一五〇人を超えたという。

虎舞は山田町をはじめ、三陸沿岸の各地で踊られている。漁師町で流行る理由は、「中国の易経に『雲は龍に従い、風は虎に従う』という一節がある。帆船にとって、風はとても大事だった。虎の威を借りて、海難をもたらす風をしずめ、海上安全と大漁を祈るために踊られるようになった」

とか、

「虎は一日にして千里行って千里帰る、ということわざがある。板子一枚下は地獄といわれる船乗りたちが、漁から無事に帰ってこられるよう祈願して踊られてきた」

などといわれている。

虎舞の演舞は、江戸時代の中期に大阪で流行した、近松門左衛門の人形浄瑠璃「国姓爺合戦《こくせんやかっせん》」の一節にある「虎退治」の場面が元になっているといわれ、その物語は次のようである。

中国は明の時代。一七代目の帝《みかど》が滅ぼされたときに、その忠臣の一人が日本へ亡命し、長崎の平戸の藩士の娘と結ばれて、子ができた。

「和《わ》（日本）」でも「唐《とう》（中国）」でもないから「和唐内（わとうない）」と名づけられたその子どもは、成長すると、父とともに明の再興をはかって大陸へ渡った。

そして道中、大藪のなかで虎に襲われたとき、和唐内は身につけていた大神宮の守り札の力をもって、その虎を鎮めてしまう。

ところが、そこへ現地の虎狩りたちがやって来て、

「どこから来た風来人だ。その虎は、主君に献上するために狩り出したもの。渡さなければ、命はないぞ」

と、責めたてるので、和唐内は勢いよく虎の背にまたがって、再び大神宮の守り札をふりかざし、啖呵をきってみせる。

「汝らが小国と侮る日本人なれど、虎でさえ怖がる手並みをよく見たか。我こそは和唐内。国の乱れを治めようと、父の故郷に帰ってきた。命が惜しくば味方につけ。いやといえば、虎の餌食だ」

　虎狩りたちはその気迫に負けて、降参する。

　この舞台を、当時、三陸から上方《かみがた》へ海産物を運んでいた船の乗組員たちが現地で見て、感動し、やがて故郷の村まつりで創作芸能として奉納するようになったものが、沿岸各地に広まっていった。そのさきがけとなったのは、つまり上方で見た芝居を、最初に地元で披露してみせたのは山田町の大沢地区であったといわれ、今もそこで踊られる大沢虎舞が、もっともオリジナルに近いものだといわれている。

　実際に大沢虎舞を見てみると、隈取りをした歌舞伎役者風の和唐内と、中国服を着た子どもたちが登場し、面白おかしく口上を述べて人々を笑わせるシーンもあって、境田虎舞とはかなり趣が異なっている。

境田虎舞は、この大沢虎舞が隣の釜石市に伝えられたあと、そこからまた山田町へ逆輸入するようなかたちで（今の行政区分でいえば、だが）伝えられたものらしい。

境田虎舞には、

矢車
笹咬み
跳虎

という、三つの演目がある。

最初の演目「矢車」では、虎が上機嫌で遊びたわむれる姿が表現されるが、このときの太鼓のバチさばきが矢車のように見えることから、その名がつけられたらしい。渾身の力をこめて打つので、一人で長くは続けられないのだろう。次の打ち手がすぐ後ろに控えて、交代しながら目いっぱいの音をつなげていく様は、見ていて実に爽快だ。

次の「笹咬み」は、繁殖期を迎えて気性の荒くなった虎が笹に噛みついて、歯を研ぎ始めるシーン。ここから、舞いもおはやしもさらに力強くなっていき、いよいよ最後の見せ場、「跳《は》虎《ね》《とら》」へ。和唐内の登場である。

しかし、境田虎舞のおもしろさは、この見せ場に戦国時代の武将、加藤清正の「虎退治」の

境田虎舞

エピソードをだぶらせて、主人公の名前を「和唐内」ではなく、「和藤内」としてしまったことだろう。

　保存会の会員に、話を聞いた。

「境田の人間はへそ曲がりなので、和唐内を『加藤清正』にしてしまったんです。国姓爺合戦よりは加藤清正のほうがポピュラーで、見ている人にも受けるから」

　加藤清正には、朝鮮出兵を断行した豊臣秀吉が、自分の養生の薬にしようと、大陸へ渡る武将たちに虎狩りを命じた際に、もっとも勇猛果敢に虎を退治してみせたという逸話がある（古来より虎の爪や牙、血、肉などは不老薬とされてきた）。

　だから、境田虎舞の和藤内は、長烏帽子をかぶった侍の格好をしているのである。

「うちは伝統芸能ではなく、創作芸能だ」

と、言い切る会員もいる。

「かつて境田地区といえば、町のはしの貧しい漁師町。そこへ釜石から伝えられた虎舞を、うろ覚えでやる。史実もへったくれもない。そのかわり伝統にしばられず、自由に創作してきたんです。口上も短くしちゃって、人に見せるということをいちばん大事にしてきました」

　和藤内のセリフも、リズム重視で省略しては、つなげていった。

　本来ならば、

「やーやー和唐内、神国に生まれて神より受けし身体、髪膚畜類のためけがをするな、日本の土地は離れても、神はわが身におわします。大神宮の守り札肌身はなさずもっている……」

などと続くところを、境田虎舞では、

「やあやあ、風来人とは己のこと。日本にもありがたき、伊勢大神宮の虎。この虎を欲しくば、和藤内の味方につけ。右におよわば、からめ捕りぃ」

などと、短い時間で決めてしまう。文字に表すと、ちょっと意味がわからないような内容ではあるが、これに独特の抑揚をつけて正々堂々と述べられると、なんだかバッチリ決まってしまうのである。

「先代のころから、セリフはにごして言え、はっきり言わなくていいと指導を受けてきました」

そう、会員たちが打ち明けてくれた。

「今は、昔よりもっと省略しているかもしれない。長いと、見ていてあきる。昔はうちでも歌舞伎調でやっていて、うなるようにしゃべっていたらしい。でも和藤内にも個人差があって、しゃべり方も人によってばらばらだった。そこでひと世代前の人たちが、どこで虎をまたぐか、どこでセリフを決めるか、手のあげ方や、どっちに札を見せるかなど形を決めて、次に伝えていったんです」

きっと先代が目指したのは、見ている人たちが、

「いよっ、待ってました」

と、思わず合いの手を入れたくなるような場面をつくることだったのだろう。

派手なメイクをして長烏帽子をかぶり、豪奢な虎の絵の描かれた前掛けをつけて大股に歩く和藤内は、境田虎舞のいわばアイドル的存在に見える。だから代がわりすると、必ず前の人と比べられてしまう。

「中学三年生から和藤内やって四半世紀になりますが、最初は、白くてひょろっとしたやつがやんな、とかひどいこと言われて……」

勇ましいメイクをとって素顔に戻った「役者」は、そう言って微笑んだ。

人々の目に鍛えられて、たくましくなった和藤内に魅せられて育った人たちは、その肥えた目で、また次の和藤内を迎えるのだろう。そうして、一〇年、二〇年と鍛えられて、再び格好のいい和藤内ができあがるに違いない。

大正の初めに、釜石の虎舞の師匠のところへ習いに行って始められたという境田虎舞は、最初は境田地区の七件の家でしかできないものだった。しかし、やがて衰退期を迎え、それを地区の青年会が引き継いだ。そして今度は、青年会にしかできないものとなった。

それが変わったのは、昭和四十年代に入ってからだったという。誰でも受け入れるようになって、若者を中心に多くの会員を集めるようになった。

「集落だけでやってると、やる人がなくなって、途絶えてしまう。だから、我々のひと世代前の人たちが青年会から受け継いでからは、大きく変えてきたんです。芸の内容も『変えてはならない』から一転して、『変えていこう』になった。頭《かしら》や太鼓の数も増やして、女性でもできるようにした。また、昔は揃いの衣装というのはなくて、浴衣を着ているのはせいぜい二、三人で、あとは作業ズボンとかでも参加していたんですが、それを黄色いＴシャツと虎縞のズボンに統一したのも、うちが最初だったと思います。今では、ほかの団体でも普通になったことも、最初に新しいことを始めたものだから、当初は批判されましたよ。照明も、初めは『まぶしい』って言われたけど、今はどこでもやっているでしょ。先を、先をきたから、風当たりは強かった」

そうして、変化を恐れなくなった境田虎舞は、山田町が好景気を迎えてから、その波に乗るように勢いを増していき、ひときわ目立つ存在になっていく。

「ここは大工が多い地区だから、工夫してものを作るのは得意だったんです。どんどん作れちゃうから、どんどん演出を変えてきた」

最初はリヤカーに吹流しをつけて太鼓をのせ、一斗缶を叩きながらはやして歩いていたという境田虎舞だったが、町の人々をいかに魅了するかをモットーに、あれこれ新しい演出を考え出すようになっていった。

「宵宮祭の夜には、まだ神輿も出ていないから、神社に郷土芸能を見にくる人たちのために、今できるいちばん大きな踊りをやってみせよう、踊りも立体的にしてみようと、鉄工所をやっていた会員が腕をふるったんです。境内にやぐらを組んで大掛かりな舞台を作り、その上にいくつもの虎を登場させて、踊らせた。どんどん変えてきました。本来、三つの演目は、ひとつやるたびに一度下がって人を変え、ふたつ目をやるというふうにするのですが、やぐらの上で踊るときは三つを流してやることにした。すると『境田虎舞は、三つの演目が続くからストーリー性がある』と言ってくれる町民も、出てきたんです」

その次に登場したのは、四トントラックを改造した大山車《だし》だった。

ある町民が当時を回想して、こんなふうに言う。

「山田のまつり、変わったなあ、ともっとも感じたのが、虎舞がトラックの大山車を出したときだった。エッと思った。そこまでやるのか、と。造船所や鉄工所がある地区だから、そのころは羽振りも良かったんだろう」

屋根の上や、船の上で踊るというのは昔からあった。しかし、トラックを改造した大山車など、誰も見たことがなかった。移動する二階建ての大舞台。下に太鼓を置いて、そのおはやしで、上で虎が踊れるようになっていた。

「大山車、作ったのは昭和五十年代に銀座へ行って踊ることになったのがきっかけだった。どうせ銀座まで行くなら、立派なもの作ろうと」

彫り物の欄間をつけて、ちょうちんを煩悩の数とおなじ一〇八個吊るし、まわりを紅白の幕でぐるりと囲んだ。運転席の上には、それがトラックだとわからなくなるくらい、豪華な屋根を載せる。

「大工の会員が、神社仏閣関係が大好きな人だったから、腕ふるっちゃって。しかし、大山車を作って豪華になったら、もうあとに引けなくなった。毎年それを出さないと、ということになりました。やぐらも、鉄鋼所の作業員や建築関係者が手際良く組むから、どんどんできちゃう。大工と、車屋と、鉄工所が揃えばなんでも作れる。会員には漁師もいるから、船も借りてこられちゃう。あとは金集めだけ。そして、まわりからはやり過ぎだと言われる」

境田虎舞の目標は、どんどん大きくなっていった。北上みちのく郷土芸能まつり、東京大銀座まつり、劇団ふるさときゃらばん一〇周年記念in幕張メッセ、愛！地球博への参加、そして海外公演……。

「銀座に行ったときは、大山車を分解して、四トントラック二台で現地へ運び、向こうでクレーンを調達して組み立てた。アメリカに行ったときは山車を向こうで作って、大きな声では言えないが、星条旗をきざんで紅白幕を作った。それは豪華なもので、太鼓をやる女の子たちはみんな、この大山車に乗って叩くことを目標にしていたんです」

「矢車」と名前がつくほど激しい演奏だが、太鼓の奏者は女性が多い。

「保育園に通っていたときから、おまつりで見た虎舞にあこがれていました」

と語る、ある女性会員は、小学校にあがってさっそく太鼓を習い始め、中学生になったら、おまつりで太鼓を叩けるようになった。太鼓の練習は、おまつりのひと月前から始まるが、

「当日にはもう手のまめもつぶれて、それでも終日叩き続けるから、皮膚がやぶれて大変なこ

とになります」

と、にこやかに言ってのけた。

おまつりにあわせて、町の商工会が開催する「おまつり広場」では、虎舞の大山車を見たさに大勢の人が集まってきたという。これをふまえて、

「山田のまつりの特徴は、娯楽だと思います」

と、言い切る町民もいる。

「歴史が津波で流されてしまうから、境田虎舞なんてどんどんダイナミックになっていく。エンターテイメント性が高くなっていく。山田の人は、にぎやかなのが好きだから」

ベテランの会員に聞いた。

「境田虎舞には、まつりを盛りあげたいという熱い思いを持った人たちが、昔からたくさんいました。やっぱり虎舞だ、やっぱり虎舞でないと、と思われることに力を注いできたんです。おなじものは出さないように、場所によって舞台のつくりや、演出を変える。大杉様の神輿が海へ入る日には、海のなかで神輿をはやそうと、かき筏に足場を作って踊ったり、定置網の船の上で踊ったり。その船に神輿が突っこんできて、また見せ場ができる」

大杉神社の船祭りの日に、かつてたくさん出ていたという船も、漁業の不振や不景気によって、だんだんと減っていった。でも、そうなっても虎舞では船を出して、神輿をはやし、舎人たちを鼓舞しようとした。

船を出した漁師が言う。

「神輿が突っこんできて、船に穴があいたこともあった。定置網の船に一〇〇人くらい乗ってはやすんだから、舵取りはおっかねえの。昔はかき筏の古いのを借りて、そこに山車を積んで、船で引っぱっていってはやしてた。筏が沈みそうになったよ。準備作業は、まつりの一か月前から始まる踊りの稽古のあい間にやる。一か月前になると、みんな頭のなか、まつりのことしかないから」

でも、それもこれもすべて、今は昔の話となってしまった。

大津波が町を襲い、海のすぐそばにあった境田虎舞の宿《やど》は、自慢の大山車と一緒に流されてしまった。

後日、大山車を見つけたという会員によれば、大山車は流された宿の二階の部分を支えるようにして山に押しつけられ、大破していたという。

中山車と小山車は町の中心部まで流されたが、かろうじて焼失をまぬがれた。がれきに埋もれているところを見つけ出され、手直しをされた。

当時の話を聞いた。

「津波は砂と泥がまざっているので、波をかぶったものは、こんなところにまで、というようなところまで砂が入ってしまう。濡れたところには全部砂がついているし、砂には重油などあらゆる油が混ざっているので、とりのぞくのが大変でした。電気系統はすべてだめになった。

張子の頭《かしら》も波をかぶったけど、子どもたちと一緒に拭いたり洗ったり、貼り直したりしました。ただ、宿を失ってしまったので、みんなで集まれる場所がなくて、苦労した。集まるだけでも大変です」

震災から三か月がたつと、復興祈願祭や、さまざまなイベントを機に動き始めた団体もあったが、境田虎舞はそういうところへ出かけていくことが難しかった。なぜか。

「虎舞として、中途半端なものはできない。見にきてくれる人たちに、虎舞が帰ってきたんだと思わせなきゃならない、と思ってました。やっぱり虎舞だ、虎舞でないと、と思われるように。そう思われることに、今まで力を使ってきたんですから。ああ虎舞が帰ってきた、と思ってもらえるような、完璧な姿になって戻りたかったんです。いちばんの虎舞を見せて、みんなに元気になってもらいたかった」

しかし、理由はそれだけではない。亡くなった会員や、家族を亡くした会員もいたので、おまつりに参加したい、するべきじゃない、というはざまで、会員たちの意見は激しく対立したという。

私は話を聞かせてもらいながら、よく保存会が分裂し、解散にならなかったなと思った。

結局、震災の年の秋まつりには大仕掛けの舞台こそ出せなかったけれども、そのかわりに、高校生たちの虎を可能な限り目いっぱい出して、踊りを見せることに全力を尽くそうということになった。

あの日、八幡宮の境内で華麗な舞いを見せた高校生たちの、舞い終えたときの顔、

「やるだけのことはやった」

といった顔が、よみがえってくる。

「あの年は、全国に散っていた会員がみんな、山田に集合しました。道具は揃っていなかったし、練習する場所もなかった。宿は、境田地区で被災をまぬがれた会員の土地を借りて、仮設のものを建てて、そこから出発しました。ほかの地区ではだめなんです。やはり、境田にこだわりがある」

おまつりが終わったあと、震災前にいつもそうしていたように、最後にみんなで宿の前で、あるだけの頭《かしら》を出してきて、もう一度踊った。

そのとき、おまつりへの参加を最後までためらっていた人たちが、

「やってよかったな」

という言葉とともに、その場に泣き崩れたという。

ある会員が、こんなことをつぶやいた。

「今度の震災でわかったが、人間は、最終のよりどころは宗教だと思います。行政は物質的なものは与えられても、精神的なものを与えることはできない。郷土芸能は続けることが大事。震災後は、この先どうしようか、というところから始まった。でも一回休むと、次につなげるのがきつい。

二〇一一年の秋まつりは、子どもたちが『やる』と言ったんです。特に高校三年生にとっては、やっといちばん上に、リーダーになれる年だった。震災のときの三年生は、その年にまつりをやらないと、リーダーを体験できないまま終わってしまう。前の年から『来年はこうやりたい』と考えていたのが、できないまま終わってしまうというのはきつい。高校三年生にとってのまつりは、次の年からは進学や就職によって、必ずまつりに帰ってこられるかどうかわからない。だから彼らのまつりへの思いは、ほかの学年とはちょっと違うはずです。

やはり『やらない』は、なかったと思う。神社のなかだけでやるのなら、できるかなと思えました」

そして、この人は震災を経た今、力強くこんなことも言うのだった。

「俺たちは今の虎、今の神楽をやればいいいと思う。昔は、あんまり関係ない」

八章

八幡様の神輿が帰る

山田祭に出るふたつの神輿は、どちらもあばれ神輿だが、それぞれ見どころが違うという。

八幡宮から出る神輿は、大きくて重量があるので、震災前に住宅が建ち並んだ細い道を通るときには、ちょっと傾くだけで、

「つぶされて死ぬかもしれない」

と、思うような迫力があったという。

「四尺二寸を一〇〇人でかつぐ、そう外で話すと、にわかに信じられないという顔をされるよ」

そう、舎人が言う。

一〇〇人とは交代要員を入れた数で、つまりそれだけの人数で、台輪が四尺二寸もある大きな神輿が朝から夜までかつがれっぱなしになる。しかも彼らは、神輿をかついでしずしずと歩くのではなく、全速力で走るのだ。

一方、大杉神社から出る神輿は、八幡宮の神輿よりも少し小さいが、そのかわり小まわりがきくので、

「ふっ飛んで歩く」

と、多くの人が表現するほど、スピーディにあばれまわるらしい。この神輿は、かつがれたまま海のなかへ入っていき、それから船にのせられて湾内をめぐるという、船祭りも兼ねていた。


震災前に平泉に修理に出されていた八幡宮の神輿が、震災の翌年の二〇一二年の夏に、山田町に帰ってくることになった。

神輿は、三〇年ほど前に京都で購入されたもので、それより前にあった神輿よりも重いといわれている。

購入当時、神輿が前より重くなった分、本当はかつぎ棒を長くしたいところだったが、それでは町のなかであばれまわるのに都合が悪いということで、かつぎ棒を細く削って、少しでもと軽量化がはかられた。ところがそれが災いし、最初のおまつりを迎えた年に、勢いあまってかつぎ棒が塀と電柱のあいだに差しこまれてしまって、舎人の一人が電柱に激突。

「倒れたところを見たら、耳から血が出ていたので大騒ぎになったんだが、実は歯が折れて口から出た血が耳のほうへまわっていたんだ」

と、今も笑い話のように語り継がれている。

また、こんな話も聞かされた。

「かつぎ棒にはさまれて頸動脈を切ったやつもいたが、一命をとりとめて、今もかついでる。『神様をかついでたから、死ななかったんだ』って言ってるよ」

そんな信心深さのおかげゆえか、この町のあばれ神輿で死者が出たことはないそうだ。

山田町では、神輿のかつぎ手のことを「舎人」といい、舎人の着る白い服を「白張《しろはり》」という。白張を着ている人しか、神輿にさわることはできない。そしてこの町では、神様がのっている神輿を決して「上から見下ろしてはいけない」といわれる。

昔は、神輿が通るのを二階で見ている人がいると、あばれ神輿は躊躇なく、その家に突っこんでいったそうだ。

「戦後は履物がなかったから、裸足で神輿を追いかけた」

と、話してくれた、ある町民によれば、

「戦時中、神輿が警察に突っこんでいったことがありました。兵隊に行く前だったから、『警察をこわせ』ってことになって。警察には、みんないっつも怒られていたからね。警察は恐かったから。当時、警察の建物はまわりを青い板塀で囲まれていたんだが、その青い板塀に神輿をバンバンとぶっつけて、壊してしまった。警察のほうでも神輿に縄はかけられないから、宮司がお縄になっちゃったんです。今ではそんなことはないが、そのころは、家の一階を壊されても、『神様がやったんだから』って言われて、文句の言えない時代でした。神輿が外灯を壊したり、神社の灯籠を壊したこともあった」

盛岡の近郊に住む、ある山田町の出身者はこんなふうに言う。

「山田の神輿はみんな命がけでかつぐから、内陸のおまつりは遊びに見えます。昭和四十五年の岩手国体を機に、山田町も道路が整備されて交通量がずっと増えましたが、それまでは神輿は町内を自由に駆けまわっていたんです。国道が整備されてからは、神輿を通すために車を止めて待たせなくちゃならなくなって、警察が出てマイク持って、神輿行列に向かって『蛇行するな』とか『はみ出すな』とか言うんで、うるせえな、と思いながら笛吹いてました」

神輿の前後には、町内にある郷土芸能の団体がくっついて一緒に町を練り歩くのだが、

「山田町の神輿行列は、パレードにはならない」

と、いわれる。なぜかというと、

「神輿は、行ったと思ったら、戻ってくる。これに追いつくために、郷土芸能の人たちも笛を吹きながら、太鼓を叩きながら全速力で走り、神輿が向きを変えて引き返してくると、今度はあわてて自分たちの山車を逃がさなきゃならない。しかし、あんなに神様が町をうろつくまりって、ほかにないのではないかな」

町の人にそう称えられる名物神輿が、留守のあいだに震災を経験したこの町に帰ってくる。

「この日は一体どんなことになるのか、町民がどんなふうに神輿を迎えるのか、私たちにもま

ったく想像がつきません」

という氏子の言葉に導かれるようにして、私も見物に出かけてみることにした。


その日、二〇一二年八月五日の朝は、神事の始まる時間が近づくと、早々に八幡大神楽の甲高いおはやしが聞こえてきた。

八幡宮の境内から見下ろす町は、まだ震災のあとのまま。流された家の基礎がそのまま残っているし、今年もそこに夏草が生い茂り、あちこちに草むらができている。だから人々は、今日の準備にはうんと念を入れたという。

「歩いても大丈夫なところを選んで、コースを決めた。震災のあと、まだ修理されていない道路がたくさんあるし、壊れた家の跡地にも見物人が入ったりするだろうから。たとえば、トイレの便槽のあったところは穴があいているので、立ち入らないようにロープを張るとかね」

境内には、小さな「子ども神輿」が置かれている。町内会で使われていたものだが、子どもが減ってかつがれなくなり、神社に納められていたという。

今日は、まずこの小さな神輿に御霊《みたま》を入れて、舎人たちがこれをかついで町へ下りていく。修理を終えて平泉から運ばれてきた本神輿は、輸送に使われた大型トラックにのせられたまま、町内の飲食店の駐車場で子ども神輿の到着を待っている。そこで本神輿に御霊を移して、いよいよ町内へ、お披露目渡御となるらしい。

郷土芸能の団体がそれぞれにはやすなか、神社の本殿から子ども神輿までが幕で覆われて、神官によって御霊が移される。そして、幕がはずされると、パリッとした背広姿の男性が、とてもさわやかな面持ちで現れた。

その人は、白張を着て位置についている舎人たちの前に立つと、両手を高くあげて、

「ワーホーッ」

と、伸びの良い声で叫んだ。

するといっせいに、神輿がかつぎあげられる。

神輿の前には、これも白張を着た年輩の男性二人が、手に持った盆に盛られた塩を、豪快にまきながら歩いていく。

この三人、つまり背広の男性と塩をまいて歩く二人は、私にはなにか特別の人のように見えた。そして町の人に聞いてみると、案の定、彼らは「漁船団」という、現役の漁師たちでつくる団体から選ばれてきた〝特別〟の人たちだった。

背広の男性は「団長」と呼ばれ、この人の号令によってのみ、神輿は動けることになっている。塩をまく二人は「お塩まき」と呼ばれ、神輿の行く先を清めて歩くという役割を担っている。

それは山田祭が、かつて漁師のおまつりだったことに由来しているという。もっとも近年では、漁師そのものが減ってしまったために、神輿のかつぎ手も漁師だけでというわけにはいか

なくなってしまったらしいが、それでも、神輿の運行において重要な「団長」と「お塩まき」の役割だけは、今も漁船団が担い続けているのだ。

そうか、あの貫禄は漁師のものだったのか。

「わっせ、わっせ」

と、かけ声をあげながら、団長とお塩まきの先導によって、神輿が参道を下りていく。そして鳥居をくぐると、舎人たちは途端に勢いをつけて走り出した。その前には八幡大神楽の一行が、後ろには八幡鹿舞がぴったりとくっついて、それぞれのおはやしを奏でながら、神輿と一緒に全速力で走っていく。

そして、

「ピーッ」

という笛の合図で、神輿が急に向きを変えて逆走を始めると、後ろで太鼓を叩いていた鹿舞の人たちがとても嬉しそうに、全速力で逃げていった。そのなかの一人の、なにかを思い出しているような顔。

疾走と逆走をくり返しながら、神輿行列がくだんの飲食店の駐車場に到着すると、そこで待っていたトラックの荷台の扉が開いて、なかから黄金色に輝く大きな神輿が現れた。

神社からかついできた子ども神輿を、そのそばに降ろすと、舎人たちは緊張の面持ちで輝く本神輿をトラックから降ろし、いそいそと朱色の飾り紐やちょうちん、大小の金の鳳凰をとりつけていく。かつぎ棒には、丁寧にさらしが巻かれていった。

一連の作業に、およそ一時間。この日は、この年いちばんの暑さになって、強烈な日差しにじりじりと焼かれながら、いつの間にか集まってきていた大勢の見物人たちも、じっと辛抱強く、神輿の出発準備が整うのを待っていた。

途中、黄色い半てんを着た虎舞の一団が、海のほうからテンポのいいおはやしを奏でながら向かってくる。「境田虎舞」と書かれた旗が悠々と風になびいて、あの目立つ侍姿の大男を筆頭に勇ましく、とても格好よく見える。

大小ふたつの神輿が幕で覆われ、御霊が移され、幕がとりのぞかれると、そこには一層輝きを増した八幡宮の神輿の姿があった。

その前に一同行儀よく並び、拍手《かしわで》を打つ。団長がまた、なんとも晴れがましい顔で出てきて、両手をあげ、叫んだ。

「ワーホーッ」

その大きな叫び声を聞いて、一気に舎人たちのスイッチが入り、神輿がゆらりと立ちあがる。なにかが宿った、というふうだった。

沿道にはいつの間にか人、人、人。子どもを連れた人が多い。

「ピーッ」

の笛の合図で、神輿は全力疾走を始める。

すごい重量感である。その前を、後ろを、八幡大神楽、境田虎舞、八幡鹿舞、愛宕青年会八木節という、それぞれ青、黄、緑、紫色の半てんを着た人々がドドドドドーッと土煙をあげ、可笑しいほど真剣に逃げていく。神輿がきびすを返すと、彼らは無我夢中でその後を追いかける。

まるで草原のなかに仮設店舗がぽつり、ぽつりと建っているような、そんなふうに見える風景のなかを、夏の日差しに輝く黄金色の神輿がゆく。

私もあとをついていきながら考える。みんな、いったいどんな気持ちなんだろうと。

私は、震災前の山田町を知らない。その町並みは、今はない。でも舎人たちにはちゃんと、以前の町並みが見えているだろうか。

震災直後の沿岸部の町を見てまわり、私たちが驚いたのは、津波の破壊力だけではなかった。道を一本隔てただけで、被害のあり様が全く違うのである。

全壊した家の、すぐ隣の家がほぼ無傷だったりする。壊滅し、人気のない通りの、そのひとつ向こうの通りでは商店が開いて、普通に人の往来がある。

「なんだか、悪い夢を見ているようだ」

と、一緒にいた知り合いがつぶやいた。

のちに聞くところによれば、それは津波が町に入ってきたときに、力学に忠実にものにぶつかっていった結果である、ということだった。そのときの水の勢いがどれだけあって、どこを向いていたか。津波が運んできた船や車、すでに壊された家の壁や柱が、自分の家にぶつかるか、ぶつからないか。

「運だった」

という言葉を、たくさん聞いた。

町の人たちが、みんなおなじように、おなじものを失ったわけではない。だから、復興に向けて力をあわせるというのは、決して易しいことではなかった。

「流された家と、流されなかった家のあいだにできてしまった溝は深い。いっそ、うちも流されていればよかったと思って、一年くらいしゃべれなかった」

「おなじ津波で、おなじように家を流されたのに、なんであそこの家は土地を買ってもらえて高台へいけるんだ」

「家が残っても、仕事がなくなってしまった人もいれば、家は流されて仮設暮らしだけど、仕事はあるという人もいる。なのに、『あんたは家があるんだからいいね』という見方しか、してもらえない」

町の、すべての人たちがなんらかの形で「被災」した。でも、その中身は人によって全く違う。

神輿はでも、そんなぎくしゃくとした町のなかを、どこまでも分け隔てなく進んでいくように見える。家と家のあいだを、仮設住宅の前を、壊れたままの防潮堤の脇を、全力で駆け抜けていく。

舎人たちは、ときおり休憩をとりながら、

「ワーホーッ」

の声を聞いて、またかつぎあげる。そして、

「ピーッ」

の笛の合図で、全力疾走。だんだんと、大の男たちの顔もしんどそうにゆがんでくる。

夕方になって、もうそろそろ「限界」という顔に見えてきた舎人たちは、まだこれから神社の階段をあがらなければならない。

八幡宮は、坂道になっている参道をのぼり、さらに階段をあがったところに広場があって、神輿はそこでもうひとあばれしてから次の鳥居をくぐる。そして幅のせまい階段をあがって、ようやく拝殿前に帰り着くことができる。

これは見逃せないと、私もなるべく神輿のそばに行こうとしたが、境内はすでに人であふれていた。

そこで、最初の階段をあがりきったところで、警護の人たちの肩越しに、あばれ神輿を見ることにする。

これが、すごかった。広場をぐるぐると走りまわる神輿の勢いで見物人が後ろへ下がるたびに、押されて階段からころげ落ちるんじゃないか、将棋倒しに押しつぶされるんじゃないか、

とドキドキした。

でも見たい。疲れきってても神輿を肩にのせて走る男たちの目は、必死を通り越して、もはや焦点もあっていないように見える。自分たちの意思では動きをコントロールできないのではないか、と思われるほどだ。その形相はあきらかに、非日常。彼らが、普段見せたことのない顔に違いない。

それからずいぶん長いこと、神輿は境内をあばれまわり、何度も見物人に突っこむのではないかという、すんでのところで警護役の人たちにとめられた。とめる、というより、手をそえて逃がすという感じ。手をそえるだけで、神輿は方向を改めるように見えた。

そして、十分にあばれたのだろう、ようやく最後の鳥居をくぐる。

ここからが、最大の難関。その先の階段は、せまくてとても急である。まず大きな神輿が鳥居につっかえないように、舎人たちはかつぎ棒を一度肩からはずして、手に持ちかえなければならない。

ゆっくりゆっくり、白張の男たちがすし詰めになった上を、大きな神輿が波に乗る船のように、動いていく。しかし人が多すぎて、残念ながら私には、その先の様子が見えなかった。

やがて、上のほうで大歓声があがり、拍手が起こる。

神輿は再び幕で覆われて、御霊はもとの場所へ帰された。そのあいだ、無事の還御《かんぎょ》（神輿が神社に帰ること）を心から祝うように、各郷土芸能のおはやしがにぎやかだ。そのあと、彼ら

還御

は順番に境内で踊りを披露した。交代のために、おはやしが途切れるときだけ、ヒグラシの声が聞こえた。

その夜、直会《なおらい》の席で、関係者からいろんな話を聞くことができた。

「山田の神輿を見るときは、前より後ろが危ない、という笑い話がある。よその土地から赴任してきた学校の先生が、神輿にぶつからないように見物人の後ろのほうで見ていたら、神輿があばれるのをよけて人々がどんどん後ろへ下がってきて、ついに先生は背後の川に落ちてしまったんだ」

町民なら初めからそこには立たない、と言って、みんな笑う。

「神輿は、度胸のある人間がかつぐもの。おふざけじゃない。昔は、神輿は漁師にしかかつげなかった。だけど今は養殖が多くなって、漁師の体格も変わったな。力仕事や、重いものを持ちあげることが日常のなかになくなって、身体が鍛えられていないから、神輿をかつぐにも十分な力がなくなった。ひょろっとしたやつがかついでる」

するとと向かいの人が、すかさず焼酎の紙パックを持ちあげて、

「せいぜいこれくらいしか、持ってないもん。いきなりかつぐと、かなりしんどい。それでも若いときは、後ろがつぶれても一人でがんばるぞって思ったが、今はねえなあ」

「かつぐには、ちゃんとコツがあるんだ。肩にのせたら、腰を入れる。腰が抜けてると力まか

せになっちゃって、それでかつげるもんではないので、つぶれちゃう。一度つぶれると、なかなか持ちあがらない。神輿は肩でかつぐんじゃない。腰でかつぐ」

「違うな。魂でかつぐんだ」

　また笑いが起こる。

　神社の最後の階段をあがる途中で、神輿がバランスをくずして傾いてしまうことがよくあるそうだ。そんなときのためにも、舎人たちは、

「神輿がつぶれても、肩は抜くな」

　と、厳しく言われている。

「尻もちをついても、肩は抜かない。転んだあと、起きあがれなくなってしまうから。そうなったらもう、神輿は持ちあがらなくなってしまう」

「でも神様を土につけるわけにはいかないので、もし神輿が傾いたら、誰かが必ず下に入る。というより、肩さえ抜かなければ、神輿が傾くほうにいるやつが自然と下敷きになってしまうんだが」

　そして、それくらい大事な「肩を抜かない」ということのために、舎人たちは神輿をかつぐ前に、心のなかで願掛けをするという。

「一年の幸福とか、家族の健康をね。そうすれば絶対にかつぎ棒を離さない、という心構えができるだろう」

しかし、一日神輿をかついだあとは肩の皮がむけて、血がにじむ。あるいは、その日はなんでもなくても、二日、三日たつと肩に膿がたまって、コブができる。これを「神輿コブ」と呼ぶ。

「今は、みんな質の良い『エアたび』をはくようになったが、昔は足袋の底がすれて、破けて、ついにはなくなって裸足になった。舗装されていない砂利道もあったから、足の裏はもう大変なことになったよ」

それでも、一度かついだら三年はやれ、三年やったら七年やらないとご利益はないぞ、と言われるうちに、エンドレスになっていくという。

「だって三年、七年とかつぐには、まず健康でないとだめだしね。だから神輿をかつぐことは、健康を祈ることでもあるんだ。もっとも、三年やるとやみつきになる。苦しくても、楽しい。達成感がある。まあ自己満足だけどな」

若い舎人が言う。

「まつりが近づいてくると、またかつぎたいって気持ちになるのは、神様に呼ばれているんだぞって先輩に言われました」

神輿コブを持つ人が言う。

「最後の、境内から上へあげて拝殿前におさめるまでのあいだ、体力の限界を感じていながら、みんなでひとつのことをやっていると思ったときに、理由もなく涙が出たことがあります。まつりの中心は、神輿です。これは私の持論ですが、人間がまとまっていくには神様が必要なんです」

山田町では、神輿が通り過ぎるときに、手を合わせて拝む人が多いという。そのとき、その人たちの顔は、いちばん活き活きとして見えるのだそうだ。

三〇年以上、八幡宮の神輿をかついできたという、あるベテランの言葉が心に残る。

「年に一度、普段は神社にいる神様が、神輿にのって町に下りてきて、いつも神社に拝みに来てくれる人たちが暮らす町を見てまわる。人々は、神社から下りてきた神様に手を合わせ、お願いごとをする。そしてその日一日、神様は町の人たちと一緒に遊んで、また神社へ帰っていく。舎人は、そのお手伝いをしているんだと思う。俺たちは、神輿に手を合わせるみんなの思いをのせて、神社に帰るんだ。神様って、雲の上にいるような人じゃなくて、俺たちのすぐ横にいて、いつも一緒にそばにいるような、友だちってわけにはいかないけど、でもそんな存在だと思っているんだ」

九章 漁船団

山田祭は、かつて漁師のまつりだったと、舎人たちは言う。

「神輿は、昔はこの地区の漁師にしか、かつげなかった。俺は漁師じゃないから、親戚で船を持っている人の名前を借りて申し込んでいた。昭和五十年代くらいまで、神輿は『○○丸（船名）』でかつぐ、という登録のされ方だったから、かつぎたい人間は船主のところにお願いに行って、かつがせてもらったんだ。平成に入ってからは、漁業関係者が人手不足になってきて、誰でもかつげるようになったけど。昔はみんな、船の名前を背負って、神輿をかついでいたんだよ」

漁船漁業の衰退で、漁師のなり手がなくなってくると、神輿のかつぎ手も不足するようになってしまい、舎人を一般公募するために「神輿会《しんこうかい》」という有志の会がつくられた。

そして今日では、神輿は誰にでもかつげるようになったけれども、先述したように神輿の運行に欠かせない「団長」と「お塩まき」の役だけは、今も漁船団から出すことになっている。

漁船団は、組合法ができるよりずっと前からあったという、漁師たちの助け合いの組織である。海難事故があれば駆けつける、うにやあわびの口開け（漁の解禁）日を決める、するめやわかめなど海産物の出荷先を取り仕切る、協力して浜の清掃をするなど、船を持つ人たちの互助組織として、昔から機能してきた。

浜で漁をしながら生きていくためには、いざというときに結束しなければならない。その結束力は非常にかたく、彼らが声をかければすぐに人が集まり、また、人をまとめる力も持っていたという。

そして、そんな力を借りて、自分たちの神社のおまつりを盛大にしたいと願った氏子たちに協力を求められ、漁師は集落のおまつりに深く関わるようになっていく。旧飯岡村の漁師たちでつくられる漁船団「飯岡浦漁船団」は、その村の鎮守の神様である八幡宮に奉仕をすることになり、旧下山田村の漁船団「山田区年行司」はおなじく大杉神社に奉仕をすることになったのであった（「年行司」という言葉については、のちの章で詳しく説明する）。

「昔の年行司（団長）は、おまつりの日には、羽織袴に桐の下駄という出で立ちだった」

といわれ、それが今、背広姿に変わっているとはいえ、八幡宮の神輿の先頭に立った団長のひきしまった顔と、背筋ののびた気持ちの良いたたずまいは、彼らが伝統的なプライドをしっかりと受け継いでいることを感じさせる。

「漁師は、ゼロか一〇〇。大漁なら大金が入るが、獲れないと一銭も入らない。大金を手にすると、パッとつかってしまう」

だから大漁になれば、おまつりもバーンと派手にやる。そんな風土もまた、漁師たちによって育まれてきたものだった。


かつて山田町は、「するめの町」といわれたほど、イカが獲れたという。

昭和五十年代の半ばくらいまでは、

「山田がいちばん元気で、羽振りが良かった時代だった」

といわれ、漁師はどんどん船を大きくして、農閑期の農家からも動員して乗せるほど、いくらでも人手が欲しかったし、学生たちはみんな水産加工会社でアルバイトをしていた。

最盛期のころの話をベテランの漁師に聞くと、魚市場の黒板には、

〇〇丸　〇〇〇トン
〇〇丸　〇〇〇トン
〇〇丸　〇〇〇トン
〇〇丸　〇〇〇トン
……

というふうに、船名と漁獲量を表す数字が端から端までずらりと並び、船は水揚げをするのに順番待ちをしなければならなかったという。

「市場は幅が一〇〇メートルくらいしかないから、船が五隻くらいしかつけられない。漁師たちは、竹でつくったよこだ（万漁かご）の奪い合いをしました。腹もへってるから、怒鳴り合って大変だった」

しかし、山田町に限らず、日本じゅうで勢いに乗った漁師たちは、海のものを根こそぎ獲り尽くしてしまう。

山田でもイカが獲れなくなったが、放流する鮭の量を増やしたら、秋鮭によって再び収入が増えた。

「それでまた、気持ちも一緒にふくれあがってしまったんです。バブル期には、造船ラッシュだ。新しい船をバンバン造った。一隻六〇〇〇万円もする船を、一人の漁師が造ったりした」

ところが、莫大な先行投資をしたのに、漁はふるわない。平成十年を過ぎたころからは、組合も借金の返済に追われ、経営が厳しくなっていったという。

新たな定置網の漁場を得ても、年を追うごとに入る魚は少なくなって、やがて定置網も廃業。そうして、町内の四つの地区の組合が合併して「三陸やまだ漁業協同組合」が生まれたのが、平成二十一年。震災の二年前のことだった。

魚が獲れなくなって、漁船漁業が廃業していく一方で、養殖は収入も安定し、将来性もあっ

たので、

「最後はみんな、養殖だのみになっていった」

そして「するめの町」は、「かき、ほたての町」となっていく。

「しかし、今度は筏を増やせ、増やせとなったんです。かきを殻つきのまま出荷する『ひとつぶがき』が大当たりして、いわゆる『ひとつぶがき御殿』が建ったし、一度外で就職した若い人も、これをやるために帰ってきました。だが、筏を増やしすぎて密殖になってしまい、かきの成長が遅くなって、実入りも悪くなっていった。それでも、いったん持ったものを減らしたくないという思いが、みんなのなかにあったんです。そして、山田は密殖で負けたんだ。人々は、欲を減らせなかったんだね」

減り続けた漁師の数は、震災をへて、今は町の人口のたった二パーセントに満たない。組合員の平均年齢は、六三歳。四十代の漁師は、若者といわれる。

それでも、私が初めて山田町を訪ねたときに強く印象に残ったのは、漁師の力だった。震災から三か月後の六月末には、灰色一色でなにもなかった山田湾だったが、八月に再訪すると、湾のなかに養殖用の筏がずらりと並んでいるのが、まず目に飛びこんできた。そして、九月の秋まつりのときには、その数がさらに増えていた。

三陸やまだ漁協で、改めて当時の話を聞かせてもらった。

「震災の直後は、漁師たちは脱力感で、がれきの山となった岸壁も手つかずでした。四〇日くらいたってから、みんなで撤去作業を始め、そのとき養殖を続けるか、それともやめるかの意思表示をしてほしいと呼びかけたところ、四五パーセントが廃業することになりました。震災がなければ、あと三、四年やったんだが、という高齢の人と、震災で亡くなった人とをあわせた数字です。震災前に三七〇〇あった養殖用の筏は、海のなかでからまって、だんごになっていました。それを一台、一台引きはがし、再利用できそうな七〇〇台からスタートして、一年かけて二二〇〇台まで復旧させました。筏は準備のできたものからすぐに、かき、ホタテの種を垂下した。あの年の八月ごろには、黄色い浮きが湾のなかに浮かび始めましたから、矢野さんはそれを見たのでしょう。震災前のピーク時には四〇〇〇台あって、過密を指摘されていましたが、皮肉にも震災によって、予定より早く削減目標を達せられたというわけです」

山田町の漁業施設の九割以上が、被災した。

町では、養殖を復活させるために、国の「がんばる養殖漁業」という支援制度を利用することになった。生産活動が軌道に乗るまで、漁師たちがグループをつくって共同作業をし、収獲量にかかわらず、五年間は一定の給与が支給されるという。

ところが、私が聞いてまわった限りでは、当の漁師たちはこの制度に不満たらたらだった。

「がんばる養殖漁業制度を利用したら、みんながんばらなくなってしまった。以前なら雨でも海へ出ていったのに、雨だから今日はやめようって。働いてもさぼっても給料がもらえるというのは、漁師には向かない。自分の力で切り開いて、自分で生活するのが漁師です」

「漁師に協働はあり得ない。ライバルをもって、がんばるのが漁師だ。漁師は競走しないと、やる気が出ない」

「漁師は一人ひとりがみんな社長で、それぞれ作業ペースが全然違う。たくさん働いて儲けたい、という人もいれば、少しだけ働いて少しだけ稼げればいい、貧乏してもいいんだって人もいる。自分のペースで、自分のできることを、自分なりにやりたいのが漁師だ」

彼らのなかには、今は養殖業にシフトしていても、漁船漁業の時代を懐かしむ人が多い。

「漁とひとくちに言っても、人それぞれ得意なものがある。やりながら、自分の得意な魚を見つけていく。うに、あわび、鮭、イカ……、漁にもいろんな形態があって、刺し網とか、はえなわとか、自分に合うものは人それぞれ。そのどれをやるかを自分で選べるから、魅力がある。これをやりなさい、と人からあてがわれるものじゃない。最初は全然生活できなかったが、三日やったらやめられない。それが漁師だ。漁師は、せっこぎなく（怠けることなく）働いていれば食える。昔の名人は、これに勝るものはない、そう言って死んだ」

今も、採算が合わなくても沖へ出ていく漁師もいるが、こんな言葉をつぶやいていた。

「養殖はきらいだ。湾のなかは、みんなおなじに見える」

しかし、親から代々船を継ぐのは誇らしいことだと言いながらも、自分の子どもに継がせるかと言われたら、難しいと言う。

否応なしに変わっていく時代の境目に、今私たちはいるのだと感じさせられる。でも、山田祭を支えてきた風土は、そんな一匹狼の漁師たちを海へ送り出してきた町であればこそ、生まれたのに違いない。

さて。昔は網元を中心に活動していた漁船団も、組合ができてからは、その活動の中身の多くがそれに取ってかわられた。でも、漁船団の最大の特徴であるといわれる「ともに神仏を祀る」という習慣だけは、今も細々とではあるが、続けられている。

それは、海からの恵みによって生かされてきた人々にとって、欠かすことのできない習慣だった。動力もコンピューターもなかった時代にはなおさらであったろうが、一度海へ出れば、なにが起こるかわからない。魚も獲れるときと、獲れないときがある。生きる糧を漁にあずけるというのは、祈りの連続だったに違いない。

彼らは、海の神様、山の神様、庚申様から稲荷様まで、それこそ神も仏も祀って、それぞれの縁日におこもりをしてきた。おこもりとは、仲間たちと飲食をともにしながら朝まで寝ないで、大漁や海上の安全を祈願することである。

「一年の始まりは、庚申様。団長の代替わりをするときでもある。次が龍神様。盆には、海難供養をやる」

しかし、湾内で養殖業にいそしむようになってからは、漁師たちの信仰心も薄れたのではないか、とささやく人もいる。収量もある程度人の手でコントロールできるようになってからは、神頼みをしなければならないほどの切実さはなくなった。おこもりも、昔のように寝ないで朝までというのは今の生活習慣には合わないと、お祈りのあとに、ささやかな親睦会が開かれるのみになった。

そこへ、東日本大震災である。津波は、漁師たちの生活の基盤を容赦なく襲った。

「津波で多くのものを失い、お寺の住職にこれからどうしたらよいかと相談したら、『こもり』だけは、漁船団の最低限度の年行事として続けなさい、と言われた。途切れさせてはいけないと」

八幡宮の神輿の運行を担う飯岡浦漁船団では、毎年決められた日に町内の龍昌寺というお寺で、漁師の守り神とされる龍神様を祀り、海で命を落とした人々の供養をする。その龍昌寺での親睦会をのぞかせてもらい、団員たちの話を聞くことができた。

「漁業者は、津波のあとは気持ちがのってこない。だから、震災の年の秋まつりは、見ていただけだった。やるべきじゃないと思っていた。この年は、かたらずに（参加せずに）けじめをつけようと思った。でも、翌年の八月に神輿が帰ってきたのは、嬉しかったな。神輿は、山田の唯一お客を呼べる名物だから。神輿が戻ってきて、復興の材料になればいいと思って、みんな喜んでいたよ。震災で跡取り息子を亡くした漁師が、塩をまいて歩いたんだ」

後継者がなく、高齢化は進む、それが深刻になってきたところへの、このたびの大災害だった。船、家、家族を失った人たちが、漁に備えて自力で建てた小屋のなかで黙々と作業をする。そういう光景が、町内のあちこちで見られる。はたから見れば、風前の灯火のようである。

でも、昔から続けられてきた祭祀は、今、自ら獲ってきた魚を刺身にし、一升瓶を抱えて集まってくる人々に、つかの間盃を酌み交わし、笑って過ごせる時間《とき》を約束してくれているかのように見える。

山田弁はなかなか聞きとれなかったけれど、一緒に過ごさせてもらった時間に聞いた話を、ここに綴ってみたい。

「昭和五十年代は、まだ組合より、漁船団のほうが力があった。するめイカが獲れて、いちばん景気の良かったころだ。組合は対外交渉だけやっていて、あわびの口開けの交渉や、かきの種をとってくるっていうのは漁船団がやっていた。

午前中に、明日はあわびの口開けだと一軒一軒知らせてまわり、夜になって天候が変わったら、口止めですと言って、また一軒一軒まわる。これを、のちに町内放送でやるようになるんだが、山田にもサラリーマンが増えてきたんだなあってことを実感するような笑い話があって。

夜に天候が変わって『口止めです』となると、その放送を午前二時ごろやる。午前三時までが、解禁を判断する時間だから。ところが、だんだん『そんな時間に放送するのは非常識だ』って苦情が、漁協に入ってくるようになったんだ。しまいには、警察に通報までされるようになっちゃって、警察からも相談をされて、放送するかわりに、漁協の屋上につけたランプの色で知らせることになった。

加工業者だってせいぜい朝八時にならないと出勤しないんだから、午前二時に起こされたら、たまらないだろう。小さい子どものいるお母さんだって、寝かしつけが大変だ。だけど昔は、それで苦情を言う人はいなかったんだよ。それだけ漁業の勢いがなくなったんだな」

「昔は、一週間くらい漁を休んで、まつりにかかった。するめが獲れて景気が良かったころは、漁師が『こもり』と『かつぎ』をやっていたが、漁師になる人がいなくなって、人も集められなくなってしまった。漁船団に若い人がいなくなって、かわりにできたのが神輿会だ。今は、神輿会がかつぎ手を集めている。まかないも、二〇年くらい前までは漁船団でやってたが、今は氏子たちがやっている。漁船団にとってのまつりは、今『こもり』と、あとは神輿の休憩所をつくるとか、ご祝儀帳をつけて神社へ納めるとかいう下働きだけになってしまった……」

ところで、漁船団長が舎人たちに向かって「さあ立ちあがりなさい」と号令をかけるような、「ワーホー」

という言葉の意味や、由来を聞いても、その場にいた誰も知らなかった。

「おまつり好きの漁師が、浜で重いものを持ちあげるときに、景気づけに『ワーホーッ』と言ってみせることはあるけどな」

そう誰かが言うと、みんなが笑った。

龍昌寺での宴は、ずっといつまでも続いてほしいと思うほど、楽しくて居心地が良かった。

一〇章　神輿と三役

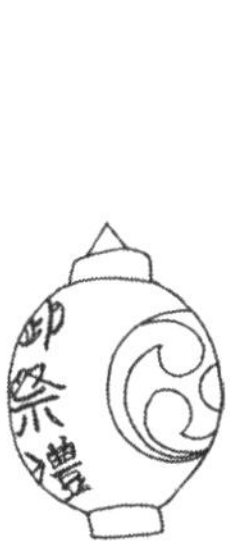

神輿と一緒に町を練り歩く郷土芸能は、おまつりをにぎやかに盛りあげる華である。でも江戸時代の記録を見ると、そこには今あるような郷土芸能は、まだ入っていない。

八幡宮に残されている江戸時代末期（一八六四年）の記録によれば、当時の神輿行列は次のようだった。

大太鼓
猿田彦命
初穂箱
御塩撒
氏子一同
神　官

御神鏡
別当徳右衛門家当主
御塩撒
御神輿
御所車
手踊り

これについて、町で郷土史を熱心に調べている人に聞いてみると、

「江戸時代は今より町並みも小さく、神輿には神官と氏子がつきそい、それに手踊りがつく程度のもので、郷土芸能はまだ神輿行列には入っていませんでした。おはやしが聞こえてくるような、にぎやかなおまつりになったのは、おそらく明治に入ってから。経済が良くなって、自然に盛りあがってきたのだろうと思います。そうして、ふたつの神社が互いにおまつりの日を近づけて、あわせていったのではないか。でも、いつからおまつりを一緒にやるようになったかということや、おまつりを一緒にやるようになったきっかけについては、どんなに調べてもわかりませんでした」

ちなみに江戸時代の記録では、八幡宮のおまつりは六月十八日（旧暦）におこなわれたと書かれている。いつのころからか、それが九月十五日になり、大杉神社のおまつりもその翌日の

十六日になって、十四日の八幡宮の宵宮祭とあわせて三日間という日程でおこなわれるようになった。

　そして、いわゆるハッピーマンデーがカレンダーに導入されてからは、敬老の日を含む三連休に流動的に開催されてきた。

　つまり、ハッピーマンデー以前は、おまつりは休日にやるとは限らなかったわけだが、漁師や大工はおまつりの日には仕事はしないものだったというし、神輿行列に出る子どもたちは、学校を休ませてもらえたという。

　昔から、山田祭を見てきた町民によれば、

「ハッピーマンデーになってから、おまつりが少し変わった感じがします。見物人が増えた。私が子どものころは、山田祭は人に見せるおまつりじゃなかった。

　昭和三十年の町村合併で今の山田町が生まれ、その一〇年後に四つの中学校（山田、織笠、大沢、船越の各地区にあった）が統合されて山田中学校になってから、山田町がひとつになってきたような感じで、ほかの地区からもおまつりに人が入ってくるようになったんです。私は山田祭以外のおまつりを見たことがないけれど、山田祭も昔は、この地区のなかだけのおまつりでした。おまつりの日には、小学校は休みになった。

　大人も子どもも、みんなが地区の郷土芸能に入っているから、今でも神輿行列を見ているのは年寄りと、ほんとに小さい子どもだけという地区も、まだ町内にはありますよ。本来おまつりは見るものではなく、参加するものです」

八幡宮と大杉神社の例大祭を兼ねて、山田地区を中心におこなわれる山田祭は、山田町のなかでいちばん大きなおまつりである。でも、山田町内のほかの地区では、今も集落の人たちだけで楽しむような、いわゆる村まつりといった趣のものも、まだいくつも存在している。

ところで、郷土芸能が神輿行列に入るようになったいきさつについて、先の町民がおもしろい話をしてくれた。

「昔の人は、郷土芸能の各団体に、神輿の行く先を清める『先導』の役と、背後を守る『お供』の役をつけて、神輿行列に入れていったんです。ずい分昔のことですが、八幡町の古老（昔のことをよく知っている老人）が、よく話していたのを覚えています。山田弁丸出しの人で、でいかぐら（大神楽）、すす（鹿舞）、けんべい（剣舞）などと言いながら、熱っぽく語る人でした。

その人からよく聞かされていたのは、明治六年から八幡様と大杉様は一緒におまつりをやっていた。そのころ町内には四つの郷土芸能があったので、八幡様の神輿の先導は八幡大神楽がやり、後ろには八幡鹿舞がついてお供をすることに決まった。大杉様の神輿の先導は関谷の大神楽（山田大神楽）がやり、関口剣舞がお供をすることに決まった。そして大正の終わりに、いよその地区からもなにか出したらどうかということになって、大正十五年から境田虎舞が入った、と」

明治六年の件《くだり》については記録がないので、この話を裏づけることはできないが、神輿行列に入る郷土芸能に役割や決まりごとがあるというのは、山田祭の大きな特徴だろう。

神輿の「先導役」と「お供役」を担う郷土芸能を、町の人々は「三役」と呼ぶ。そして、その「三役」につけられた団体には、

「俺たちは、単なる手踊りじゃない。神様のお供なんだ」

というプライドが生まれ、それがおまつりを活気づける大きな要素になっているのだ。

山田祭に参加するすべての郷土芸能は、おまつりの両日とも神輿行列に入るので、主役になる神様によって、団体の役割や配列が変わってくる。つまり、「八幡様」の神輿が出る日は、八幡大神楽と境田虎舞が先導役で（今では境田虎舞も先導役になっている）、八幡鹿舞がお供の役を担うので、神輿行列は次のようになる。

社名旗
神幸旗
神幸係
猿田彦命
大太鼓
初穂箱

八幡大神楽（先導役）
山田大神楽
境田虎舞（先導役）
稚児行列
御神鏡
御供物
来　賓
関口不動尊神楽
祭典長
神　職
宮　司
警護係
神輿係
漁船団
御塩撒
御　神　輿
船　印

八幡鹿舞（お供役）
関口剣舞
愛宕青年会八木節
（二〇一四年度神幸祭行事表より。囲みと（　）は筆者による）

そして、翌日の「大杉様」の神輿行列では、先導役の山田大神楽と、お供役の関口剣舞を神輿の前後に据えた上で、ほかの団体の配置が決まる。

「言ってみれば、八幡様のおまつりの日は、その三役にとって〝ホーム〟だが、大杉様の三役にとっては〝アウェー〟。逆に、大杉様のおまつりの日は、その三役にとってホームで、八幡様の三役にとってアウェーなんです」

と、表現する人もいて、うまいことを言うなあと思う。

大杉神社の神輿行列は、次のようになる。

神幸旗
大太鼓
初穂箱
山田大神楽（先導役）

八幡大神楽
八幡鹿舞
境田虎舞
愛宕青年会八木節
猿田彦命
御神鏡
金　幣
御供物
宮　司
神　職
祭典長
来　賓
御塩撒
御　神　輿
船　印
関口剣舞（お供役）

（二〇一四年度神幸祭行事表より。囲みと（　）は筆者による）

　ちなみに大杉神社の神輿行列の特徴は、神輿が真ん中ではなく、最後のほうに置かれているということである。それは、この神輿が大変なあばれ神輿だからだ、と町の人は言う。

「ふっ飛んで歩く」神輿は、ときに先導役を追い抜いて、また逆走すれば、お供役をも追い越してしまう。それで順列が崩れるたびに、団体間にケンカの火種ができたという。

　お供役の、関口剣舞の会員の話。

「神輿が向きを変えてすっ飛んできたときに、追い越されたほかの団体は、すぐに剣舞に道を譲らなければならないんです。剣舞は大杉様の三役なのだから、常に神輿のすぐ後ろについていなければならないから。ところが、大杉様の神輿があんまり速いんで、なかなかその通りにいかないいんですよ。順番が崩れるたびに、ケンカになった。ふっ飛んでいく神輿の後ろを演奏しながら走る大人たちの姿を見て、子どもらは喜んでいましたが」

　見物する町の人いわく、

「一団体に多いところで一〇〇人いて、それが六団体でしょ。何百人という人が一度に動くから、いやでもぶつかる。それに神輿が突っこんでくるから、もうひっちゃかめっちゃか。山車や神輿だけでなく、しまいには団体同士のぶつかり合いになった」

　黄金色に輝く神輿が目の前にあれば、少しでもそばに近づきたいと思うのが人情だ。おまつりが盛りあがれば、盛りあがるほど、その熱い気持ちにまかせて無茶をする人が出てきても、おかしくはないのだろう。

　ふり返れば、山田祭はケンカまつりだったと語る人は、少なくない。

「昔は、まつりといえばケンカ。寄るとさわるとケンカしていた。三役と神輿のあいだにスキがあれば入ろうというやつがいて、ちょうちんで相手を殴るから、いつもちょうちんが割れていた。もっと昔には、みんな飲んであばれて、まつりの最中から屋台が壊れてなくなってたりね。ケンカはしょっちゅう。ぶつかったのなんのって、すぐにケンカになった。直会はもう、とっくみ合いだ」

「なるべく神輿に近づきたいと、ケンカをする。それはハレの日に公式にできるぶつかり合いでもありました。地域と地域、団体と団体の、意地のぶつかり合いですね。まつりを盛りあげるために、しのぎを削ってきた者同士の。だってみんな、盛りあげるためにいろいろ考えるわけだ。山車の照明を大きくしたり、一生懸命趣向をこらして。神楽が来たな、負けないで大きい声出せというような、意地の張り合い」

「もともと青年会のころから仲が悪かった地区同士で、決闘になったこともあった。でも、ケンカした相手が、次の日は頭を下げに来る。それが、まつり。山田の人は、まつりに向かってだんだん気持ちを高めていくのではなくて、直前にいきなりギューンとあがる。そして終わると、一気にトーンダウン。次の日は、なにもなかったかのようになる。

　おまつりだから、一対一でものが言える。普段は年の差、地位の差、立場の差がある。金もらう立場だったりすると、普段は言えないはず。言えるはずのないことを、おまつりでは言ってしまう。そして翌日冷静になって、謝りに来る。

その日は、なにか解き放たれる。山田町の町民性だと思う。山田は閉鎖されたところにある。そのなかで、なにが楽しみか。自己主張できるのは、おまつりだけ。普段、山田の人は自己主張しない。陰では言うが、俺が俺が、とは言わない。

山田の人は、まつりのときだけ変わる。それもまつりに出ている人だけではなく、見ている人もそうなる。だから、まつりの日には、昔は町のあちこちでケンカがあった。まつりだから許されることもある。酒飲んでふらふら歩くとか、店のなかにどかどか入っていって踊るとか。普段はできない。でも、神輿が出ないと、変わるだろう。神輿が出ないで歩けとなったら、変わる。山田は神輿中心にやってきた。おまつりなので、そこに鍵がある」

どんなに大人がはめをはずしても、学生が大騒ぎしても、その日だけは、みんながある大きな輪のなかにいるように見える。神様の存在とは、実に不思議なものだと思う。

ところで、郷土芸能の団体が神輿のお供をすることへの情熱は、なにも順番をめぐるケンカだけに注がれてきたわけではない。

どこの団体でも、いつも厳しく言われているのが、

「神輿が動いているあいだは、音（おはやし）はとめられない」

ということだった。これを大人から子どもまで、みんなが忠実に守ろうとしている。

あばれ神輿と一緒に歩きながら、ときには走りながらの演奏なので、太鼓の奏者がうっかりバチを落としてしまったときに、隣にいる仲間がすかさず自分のバチで打って音をつなげたという場面を、私は何度も見かけたことがある。そんなとき、山田祭はやっぱり単なるイベントじゃない、祭祀なんだと思わされる。

こんな話を聞かせてくれた町民がいた。

「子どものころ、お神輿に近づきたくてそばに寄ったら、剣舞の太鼓のバチが手にあたって、青あざができたことがありました。でも祖母がそれを見て、『お前が悪い』と。『大丈夫かい』って言ってもらえると思ったので、驚きました。今では考えられないことかもしれないけど、そういうものだったんです」

朝、神輿とともに神社を発ってから、夜また神社に戻ってくるまで、郷土芸能の団体が太鼓や笛の演奏を休めるのは昼食のときと、舎人が休憩をとるために神輿がとまる、わずかの時間だけ。

「神輿につくのは、ゆるくない」

そう言って、八幡鹿舞の会員が微笑んだ。

鹿は八幡様の守り神といわれ、八幡宮の神輿行列で、お供の役として神輿の後ろを守る鹿舞の忠誠心には確かなものがある。しかも、鹿舞の大きな太鼓は屋台に載せられているのではなく、奏者の胸に抱えられているのだ。これを終日打ち鳴らしながら歩くには、相当な体力と気力が要るだろう。

　会員が言う。

「みんな、神輿が大好き。でも、そのすぐ後ろにいられるのは鹿舞だけだ。それがいい。神輿のきらきらした姿が目の前にあると、テンションがあがる。大きな神輿が急に方向を変えて、こちらをふり返るときの絵はすごいんです」

　彼らと、舎人たちとの関係が良い。

「舎人から合図をもらって動けるのは、鹿舞だけなんですよ。方向を変えて、こっちへ下がってくるときも『今からいくぞ』って合図をくれる。下がる距離もいろいろあって、のっていると『もっといくぞ』って合図がくる。その舎人とのやりとりが、たまらなくいいんです。鹿舞の太鼓はつらくても、だからやめられない。

　後ろにつくメンバーも、選ばれた人たちです。舎人が一〇〇人くらいいて、それに対しての五、六人の太鼓だ。だからその五、六人は華です。それは一日後ろをついて歩くことへの、ごほうびだと思っています。その瞬間は大事にしてもらえる。それを感じられる。一回これを味わってしまうと、疲れきっても、また神輿に近づきたいと思う。

『自信がないなら、神輿には近づくな』っていわれてますが、それは、邪魔するならどけよってことです。信頼関係がいる。でも信頼関係があれば、遊びも真剣もどっちもできるんです。まつりが終わって、神輿を見ていた町の人に言われていちばん嬉しい言葉は、『また馬鹿やってたね』。これは、ほめ言葉なんですよ。山田の人たちは毎年見ているから、見るほうもレベルが高い。舎人に対しても『今年の神輿は走んなかったね』とか『つぶれてたね』とか、けっこうきつい。昔かついでいた経験者は、俺らのころのほうがすごかったって言いたいものだから、舎人たちもその人たちの前では、つらいという顔を見せないようにしてると思います。

まつりは、怖いものです。毎年怖いと思う。なにが起こるか、わからない。無事にすむだろうかって。でも、その近づくのも怖いような神輿を、神社に無事に送り届けたという安堵感。疲れてぼろぼろになっているけど、仕事を無事に終えた、神輿を最後まで見届けたという感無量の気持ちになっているんです。そのあとに境内で踊る踊りが、いちばんいい。各団体に、それぞれドラマがあると思います。神楽には、俺たちが露払いをするんだというプライドがあるだろうし、我々は神輿の後ろを守るんだというプライドを持っています」

鹿舞と舎人たちとのやりとりには、あたかも八幡宮の神様と、その守り神の精霊とが遊びたわむれるかのような絵を想像させられる。

おまつりは、人に見せるものじゃない。参加してこそ意味がある。彼らはずっと、そうしてきたのだ。

二章　二年目の秋まつり

二〇一二年の八月に八幡宮の神輿が戻ると、その翌月の九月には、震災後初めて神輿の出るおまつりが、従来の三日間の日程でおこなわれることになった。私にとっては、初めて山田祭を見るような気持ちである。しかし、お盆が過ぎれば涼しくなるといわれる山田町のはずだが、この三日間はひどく暑かった。

おまつり初日の九月十五日は、夕方の五時から八幡宮で宵宮祭が始まった。境内には、昨年とおなじようにたくさんの大漁旗が飾られて、私のようなよそ者でさえ、

「あれから一年がたったんだ」

と、感慨深く思った。

各地区の宿《やど》を出発した郷土芸能の団体の奏でるおはやしが、だんだん神社に近づいてくると、拝殿に氏子、漁船団、神輿会の代表者らが入って、神事が始まる。人々が祈りを捧げたあとで、神楽が奉納された。

このとき奉納される神楽は、八幡大神楽ではなく、「関口不動尊神楽」といって、旧山田村の深山《しんざん》神社で戦前まで踊られていた深山神楽を、平成十五年に有志が復活させたものである。八幡大神楽や山田大神楽が、南部藩お抱えの芸能集団「七軒丁」（盛岡にあった）の由来といわれているのに対して、関口不動尊神楽は山で修行する修験者いわゆる山伏が、里へ下りてきて伝えたものだといわれている。

関口不動尊神楽では、獅子頭は頭にかぶるのではなく、手に持って舞う。かつては、その神聖な頭《かしら》に神仏の御霊を移して、農閑期や正月になると北へ南へと巡回し、檀家をまわって歩いたそうだ。そして悪魔祓いの祈禱がすむと、神楽宿と呼ばれる民家の一室に地域の人々を集めて、能や狂言が披露された。数ある演目のなかでも、大漁を祈って舞われる恵比寿舞は、今でも根強い人気がある。

町の人が、こんな昔話を聞かせてくれた。

「昔は農閑期になると、山伏配下の芸達者な者たちが、ご神体を移した獅子頭を権現様と称して、神楽をやりながら家々をまわったんです。彼らにとっては冬のアルバイトのようなものだったから、あそこへ行けば実入りがいいとか言って、なわばり争いをした。深山神楽は宮古の黒森神楽と争って、耳食った、舌食った、はたき合ってケンカした、神楽をめちゃめちゃにした、なんていう伝説がありますよ」

こういう話を聞かされると、私は山田町の人の開放的な気分に接して、とても愉快になる。

関口不動尊神楽

拝殿で、厳かに権現舞が舞われる最中、境内で出し抜けに、威勢のよいかけ声があがった。ふり返って見ると、拝殿へ通じる急坂を、本日はアウェーの山田大神楽が派手な山車を押して、のぼってきたところだった。

山田町では、山車のことを「やでぃ（屋台）」という。山田大神楽の屋台の屋根の上にはホタテやイカなど、山田湾で水揚げされる海産物のレプリカがてんこ盛りにされ、電飾で彩られて、それは美しく夜の闇に浮かびあがっていた。

そして神事が終わると、これを待っていたかのように、いっせいに各団体のおはやしが始まり、青、緑、黄、紫とさまざまな色の半てんや、舞いの衣装を身につけた人々が、順番に拝殿の前に行儀よく並んでは拍手を打つ。それから、それぞれの踊りが拝殿の前と下の広場で順繰りに、艶やかにくり広げられていった。

「宵宮が、いちばん緊張する」

と、郷土芸能をやる人たちは言う。

「ご神体に向かって、『明日はお願いします』という気持ちで踊る。この夜の緊張感は、格別だ」

宵の闇のなかにもかかわらず、境田虎舞は手際よく鉄パイプを組んで、その上に鉄板を載せ、たちまち境内に大仕掛けの舞台を作ってしまった。二人一組の虎が次々とそこに駆けのぼっては、「ダン！　ダン！」と大きな音をたてて、跳ね飛んでみせる。みんなが舞台に集中するな

か、その迫力に負けて子どもが泣き出すと、

「今年は泣かないで見るって約束だよ」

という、若いお母さんの声が聞こえた。

昨年の秋には見られなかった愛宕青年会八木節は、会場を一気に盛りあげる、とても華やかな踊りだった。

いかにもノリの良さそうな男女が、まだあどけなさの残る中学生や、高校生と一緒にリズミカルな足さばきで、器用に番傘や花笠をくるくるとまわしながら楽しそうに踊る。スピーカーから大音量で流されるのは、全国おなじみの八木節のメロディに、独自の歌詞をのせたもの。

ああ　らっきょうらっきょう生らっきょう
ああ　むいてもむいても皮ばかり
ああ　スタコラサッサ　ヨイサッサ

一度聞いたら、忘れられなくなりそうな唄である。

この夜は、群馬県桐生市の八木節の保存会が招かれて、先発で踊った。こちらは唄もおはやしも生演奏で、年輩者が中心である。おなじ八木節でも、ずい分と雰囲気が違う。愛宕青年会とは年齢の開きもかなりあるように見受けられたが、桐生市から来た人たちの生演奏につられ

るように山田町のベテランが飛びこんでいって、一緒に踊り出した。

郷土芸能の良いところは、世代の違う人たちと親しくなれることだと誰か言っていたが、この夜ノリにノったこの町の青年たちにも、桐生の人たちの芸に応えるような温かさがあって、最後に会場はひとつになった。

人気の虎舞と八木節が出番を終えて、すっかり人が引けてしまったあとの境内で、今度は関口不動尊神楽の「恵比寿舞い」が始まった。

ここから、雰囲気はいきなり、小さな村まつりのようになる。

というのも、恵比寿様の面をかぶって愛嬌たっぷりに踊る人の素顔を、みんな知っているし、恵比寿様が釣りあげる鯛のレプリカを持って舞台の下から掛け合いに応じる役を、見物席に居合わせた誰がやるかによって、毎度面白さが違うのである。

普段の人となりを知る者同士が、普段とは違う関係を結んで遊ぶ。いくら見ても飽きない芸が、こんなところに隠されていた。


二日目。九月十六日。八幡宮のおまつりの日。いよいよ、震災後のおまつりに神輿が出る。

神社では、朝八時半から神事が始まった。拝殿の前にはすでに鹿舞の踊り手たちがひざまずいて、「魂《たましい》入《い》れ」という演目を披露している。太鼓の奏者も砂利の上に正座をし、いよいよ八幡様のお供の役が始動した、というような、ひたむきな姿。

旗持ち

神輿堂から出されて出発を待つ神輿のまわりには、白張を着た舎人たちのほかに、「旗持《はたも》ち」の子どもたちも待機している。「旗持ち」もまた、山田祭が漁師のまつりであることの証である。

かつて舎人たちが、それぞれの船の代表として神輿をかついだのと同様、旗持ちたちも船を代表して、そのトレードマークである船印《ふなじるし》を巻きつけた竿を持ち、神輿のすぐ後ろにぴったりとくっついて、一日じゅう一緒に町を練り歩くのだ（お供役の八幡鹿舞は、彼らの後ろにつく）。

彼らは、夕方神輿が神社に帰ってきて、鳥居をくぐる瞬間に、いっせいに神輿から離れ、町に向かって走り出す。走る先は、今は各自宅になっているようだが、昔は船主の家や、その船だった。そこにいちばん早くたどり着いた者が大漁するといわれ、だから足の速い、一八歳から二〇歳くらいまでの若者が、船主に選ばれて出たらしい。

町の人いわく、

「誰がいちばん早いか、なんていうことはわかりようがないのだが、うちがいちばんでありたいという思いで走るから、みんな全速力なんだ」

見物人も、そのときにはしっかりと道をあけておかないと、必死の旗持ちたちに竿でつつかれそうで、危なかったという。

今は、旗持ちも一般公募されていて、小学生から高校生くらいまでの子どもたちが参加している。竿には、船印や大漁旗に加え、アニメのキャラクターや電飾などを自由に飾りつけることができるので、それがいかにも現代風に、華やかにおまつり気分を演出する。

さて。舎人たちの手で神輿が拝殿前まで運ばれて、紫色の幕ですっぽりと覆われ、いよいよ御霊が移される。各郷土芸能の団体が、神様を迎えるためのおはやしを奏で始めると、いくつもの曲がかぶって場内は騒然となった。

と、このとき。突然、大きな怒鳴り声がした。

「コラーッ、おりろーっ」

少し高いところへのぼって、上から写真を撮ろうとしていた人を見つけ、氏子の一人が拝殿のなかから、血相を変えて飛び出してきたのだった。怒鳴られた人は、旅行者だろうか。きょとんとしていた。きっと「神様を見下ろしてはいけない」という不文律のあることを知らなかったのだろう。

でも、相手が誰であろうと「いけないものは、いけない」と即座に反応する態度こそ、この祭祀の緊張感を守ってきたのかもしれない。そう思わされるような一幕だった。厳しい顔をしていたその氏子は、仲間と笑うときの晴れやかさも、また格別だった。

間もなく幕がとり払われて、神様をのせて輝きを増した神輿は、漁船団の団長の、

「ワーホーッ」

の声で、舎人たちにかつがれて、境内の広場まで下りてくる。

まるで神社そのものを肩にのせたように、大きく立派な神輿は、見物人が見守るなかを最初は肩ならしのように、ゆっくりと広場を数周したあと、だんだんとスピードをあげていった。旗持ちの子どもたちが懸命にそのあとを追いかけると、彼らの持つ長い竿についた鈴が、しゃんしゃんと軽快な音をたてる。砂ぼこりが立つ。

隣で見物していた人が、教えてくれた。

「昔は、神輿は午前十時ごろ出発して、午後三時くらいには神社に戻ってきていた。町並みも今のように複雑じゃなくて、大杉様まで一本道だったから、まっすぐ行って、まっすぐ引き返してこられたからね。新興住宅地ができて町が広がってから、神輿の運行にも時間がかかるようになって、もともと夜まつりだった大杉様にひっぱられるようにして、八幡様も夜まつりになっていったんだ」

しかし、震災後は外灯が不十分で危ないので、今日は夕方六時の還御を目指すという。

神輿は八幡宮を出ると、ゆきつ戻りつしながら、まず大杉神社へ参拝に向かった。

大杉神社は、震災後手つかずのままだが、残された鳥居にはちゃんと紅白の幕と青竹がつけられて、それが悠々と海風になびいている。

津波でバラバラになって、氏子や舎人たちの手で組み立てられ、かろうじてその形だけはとり戻した神輿が、今年も境内に置かれていた。なんだか、八幡様がやって来るのを待っていたように見えた。

参拝が終わると、神輿行列は国道へ出て、さらに魚市場や、商工会が主催する「おまつり広場」へと舞台を変えながら、見せ場をつくって進んでいく。神輿につく郷土芸能の団体は、道のあちこちで踊りを披露しながら、これもゆきつ戻りつ、ごちゃごちゃと、でもなんとなくみんなおなじ方向へ動いていく。

魚市場で神輿はおろされ、震災で亡くなった人々の慰霊と、町の将来を託す大漁祈願をこめた神事がとりおこなわれた。

神事のときに流れる関口不動尊神楽の音曲は、いわゆる雅楽のような静かなものではなく、ガチャガチャと鉦の音が鳴り響くにぎやかなものだが、ここではそのにぎやかさが力強さに聞こえ、あたかもこの町が自分たちの力で立ちあがろうとする気持ちが、その音にこめられているように感じられた。

ふと、足もとに目をやると、側溝には震災の傷あとを見せるように、壊れた生活雑貨のかけらが沈んでいるのだが、そこを小魚の群れが勢いよくのぼっていくのも見える。岸壁から海を見下ろしたときも、コンクリートのそばにチラチラと、たくさんの魚が集まってきていた。

東京で出会った、ある山田町の出身者が故郷を懐かしんで、こんなふうに言っていたのを思い出す。

「山田はなんにもないところだけど、私は、あの町で食べることに危機感を覚えたことはありません。魚も、目に見えるところにたくさん泳いでいたし、山に入れば山菜もとれた」

その人は、昭和三十年ごろのおまつりの話も聞かせてくれた。

「私が子どものころは、おまつりの前には塩をふって、清めて歩きました。子ども会で神社の草とりや、道路の掃除もしました。道路はまだ土だったから、箒で上級生から順にはいていく。すると、道にきれいな波ができる。そして浜からとってきた白い砂を、家の前に三角に盛るんです。お神輿が通り過ぎると、それをならした。

御霊入れの日には、八幡様の裏山に登っちゃいけないって言われてました。宵宮の夜は、境内にかがり火がたかれ、それは神がかっていましたよ。神様が舞い降りてきたところで、それを神輿にのせて町へ出ていくんです」

家の前に砂を盛るのは、人間の世界と、神様が通る清浄なところとを分ける結界をつくるためだという。海の白砂を使ったのは、塩をイメージしたものらしいが、山の土を盛ったという話もあって、いずれも人がまだ踏んでいない、きれいな砂や土が用いられた。

午後になると、神輿は町の奥の山のほうへ、ゆっくりと坂道を上っていった。家が残っているところだけ、紅白の幕が張られている。

神輿行列が動いているあいだは、生演奏の手をいっときも止められない郷土芸能の人たちだったが、この日はずっと炎天下。さすがの大の男たちも、午後の短い休憩のあいだには、太鼓を抱えたままアスファルトの上にひっくり返っていた。

私も、へとへとだ。朝から晩まで歩き通しなんて、滅多にない。

でも、気がつくと、杖をついてずっと神輿のあとを追いかけているおじいさんがいる。上り坂も、下り坂も、日照りの下ではけっこうしんどい時間もあったのに、なんと夕方の境内でも、その姿を見かけた。

理屈じゃない。その先に、なにかすごく面白いことが約束されているわけでもないのに、神輿には、ただひたすらあとをついていきたくなるような魅力がある。

夕方になると、沿道にたくさん人が出てきた。

私は、今度こそ先まわりして良い場所をとらなければと思い、急ぎ八幡宮へ向かってみたが、境内ではすでに陣取りが始まっていた。

どこで待つのがいいのだろう、まごまごしているうちに、辺りはいつの間にか人であふれ返ってしまう。やはりおまつりだけあって、神輿が帰ってきた日よりも、人が多いようである。

しかし、あのあばれ神輿がやって来るというのに、子ども連れやお年寄りが広場の真ん中にのんびりとかまえているのには、あきれてしまった。

警護担当の腕章をつけた人が、ベビーカーを押して、さらにもう一人小さな子どもを腕に抱えたお母さんのところへ近づいていったので、てっきり安全な場所へ誘導するのかと思ったら、子どものサンダルが落ちていたのを拾ってやっただけだった。

どうやら心配していたのは、私だけのようである。

どんどん人が増えて、次第に身動きができなくなってくる境内で、じっと神輿を待つあいだ、後ろにいた二人の男性の立ち話が聞こえてきた。

「今はもう途絶えちゃったんだけど、川向《かわむかい》地区には川向十二支っていう郷土芸能があって、子どもたちが十二支の頭《かしら》を持って歩くというだけなんだけど、これがいいんだ。動きのある派手な踊りに人気がいきがちだけど、俺に言わせれば、十二支の頭《かしら》というのが相当に重い。それを子どもたちが長時間持って歩くということに、重みがあると思うんだよ」

川向十二支の頭《かしら》は、津波に流されてしまったそうだ。

神社におはやしがだんだん近づいてきて、神輿がようやく境内に入ってくる。でも、危ないことはなにも起こらなかった。

それは、とても不思議だった。これだけの人がすし詰めになって、あばれ神輿のすぐそばにいるのに、混乱がない。みんな興奮しているのに、無秩序にならない。

やわらかい、と感じた。みんな。神輿が勢いをつけてこっちへ迫ってくると、後ろにいた女性が思わず私の肩に手をかけた。それもやわらかい、と感じる。押すでもなければ、引っぱるでもない。

そうして境内のなかを神輿が何周もして、いよいよ最後の大あばれかと思うような雰囲気になってくると、見物人を守るように、手のあいた舎人たちが我々の前に立ちはだかった。一日かついで走りまわった、汗とほこりにまみれた匂いがムンムンとする。

疲れ果て、まるで自分がどこへ向かって走っているのかさえわかっていないような舎人たちは、最後の力をふりしぼって三つ目の鳥居をくぐり抜け、拝殿に向かうせまい階段をひとつひとつのぼっていく。

「普通の漁師が、普通の町民が、一年に一度神輿をかつぎ、夜、神社に限界でやって来て、最後につぶれるからいいんです。これをラガーマンみたいなのがやったら、おもしろくない」

町の人は、そう言う。

まわりはもう人だらけ。そしてまたしても、私にはその先の様子がわからないまま、上のほうでバンザイの声があがった。

各団体のおはやしも絶好調。八幡大神楽がノリノリで、鳥居の前に踊り出てきた。このあざやかなタイミングは、昨日や今日に体得できるものではない。これだけ会場にいる大勢の人たちの息が合うというのは、なんて見事なことだろう。

「ここでやっていこう」

と、みんなが言っているように見えた。がんばろう、ではなくて。

三日目。九月十七日。大杉神社のおまつりの日。

神輿は出ないが、境内で郷土芸能の奉納はあるというので、出かけてみた。

会場で出会った八幡大神楽の会員に、震災後初めて神輿が出た昨日のおまつりの感想を聞いてみたら、こんな答えが返ってきた。

「紅白の幕が切れ切れだったのが、ちょっと寂しかったですね」

震災前は、おまつりの日には、町内の全域に紅白の幕が張られたという。おまつりに参加する、しないに関わらず、町内会ごとに宵宮の日の朝の仕事として、やることになっていた。

「以前は、地区のほとんどに幕が張られて、そのなかを神輿が走っていったんです。紅白の幕が途切れることなくつながっているのは、壮観でした。まつりの日の朝になると、自治会によっては、早いところはすごく早くから幕を張り始め、商店なんかは、わりと遅くからのんびり始める。やれ結び方が違うだの、あいつが出てきていないだの、あちこちでケンカしながらやっているのは面白かった。だけど、今年は家のあるところにしか、幕はなかった。それがちょっと、寂しかったです」

大杉神社のある北浜町は、津波で住宅街のほとんどの家が流されてしまい、今はかろうじて残された神社の鳥居だけが、そこに集落があったことを物語るかのようである。

その鳥居から、神社の敷地のまわりへ張りめぐらされた紅白の幕は、まわりにさえぎるものがないために、この日も海風によくなびいていた。

漁の神様を祀る大杉神社のおまつりは、従来なら、すぐそばの浜で舎人たちが神輿をかついだまま海に入る「塩垢離《しおごり》」と、そのあと神輿を船にのせて湾内をまわる「引船《ひきふね》」がおこなわれるのだが、神輿がない今年は塩垢離も引船もない。午前中に郷土芸能を奉納するだけ、ということではあったけれども、それでもどんなことになるのかなというふうに、人々が集まってきていた。

そのなかの一人の男性に、話しかけられた。

「俺はこのすぐ近くに住んでいたんだけど、子どものころは神輿が帰ってくるのを知らなかったよ。神輿が神社に戻ってくるのは、夜中の一時か二時だったから。

大杉様の神輿は海に入るんだけど、よそから来た人によく言われたのは、『神輿に、ご神体は入ってないんですよね』って。舎人たちが乱暴に見えるからさ。ぐるぐるまわったり、海のなかにつけちゃったり、二階から見ている人がいれば、その家に突っこんでいったりね。でも、突っこまれて家を壊されても、それは突っこまれたほうが悪いっていう考え方だったから、神輿が来るとタクシーは逃げたよ。あぶないぞって言って。

警察に突っこんだときも、舎人たちは『神様がやった』って言ったんだけど、警察から見たら『人がやったんだろ』って。当時の責任者が宮古の留置所に入れられて、あとで漁船団長がおにぎり持って、宮古まで通ったんだ」

するともう一人、もっと年輩の人が、昭和十年から二十年代のころのおまつりは、それは幻想的だったと言って話を聞かせてくれた。

「夜九時を過ぎると、どの家の前でも薪を焚きました。神輿が帰ってくる時間にあわせて、道路の向かいあった家がみんな火を焚いたんです。これがまるで、かがり火のなかを神輿が渡っていくようで、まあ神秘的なものだった。みんな、そうして寝ないで神輿の帰るのを待っていたんです。

まつりのあいだは、紅白の幕を途切れさせないように、町内に張りめぐらせた。道路はまだ土だったから、家の前に穴を掘って柱を立てて、上は屋根に固定してね、幕を張った」

私は、震災前の山田町を知らないけれども、震災後に残された道路の幅を見ると、家が建っていたときには、さぞ道幅はせまく感じられたことだろうと思う。そこへ、あばれ神輿がやって来る。しかも家の前には、見物人も出ていたろう。だから、神輿がちょっと傾くだけで、「死ぬかもしれない」

と、思ったという町の人の話は、やはり大げさではないと思う。

「それでも、舎人たちは感覚を知っているから、すっ飛んでいけるんです。若い衆が裸に白張ですっ飛んでくるんだからね、それはもう」

非日常であったろう。白張の下にTシャツを着るようになったのは、わりと最近のことだという。

「本来は、神様がお通りだから車はよけなさい、ということだった。それが、国道を片側通行にしてやるようになって、時間の制約もできてしまい、警察のほうでも山田のまつりを知らない人が転勤してくれば、やり方も変わってしまう。山田のまつりは怖いまつりだ、とか言って、理解しない人が配属されれば、変わってしまう。その恨みつらみが募って、神輿が警察壊したり、神社の狛犬壊したり、拝殿の柱まで壊したこともあった。

神輿がふっ飛んでいくために、『大杉様来たら戸を閉めろ』なんて言われた時代もあったんです。でも、そういう時代は良かった。おめえらなに言うか、神様がいちばんえらいんだぞっていうのが、我々の感覚だったんですから」

町そのものがなくなってしまったところで語られる昔話なのに、どれも震災という悲劇のフィルターがかけられているようには感じられない。だから、かえって人々の心境ははかり知れない、と思う。聞いてはいけないことを聞いているんじゃないかという不安は、被災地にいる限り、私のなかで消えることはなかった。

この日、大杉神社の境内では、まず三役である山田大神楽と関口剣舞が踊りを奉納し、そのあと今日はアウェーの八幡大神楽、八幡鹿舞、境田虎舞、そして八木節という順に続いた。

神社は壊れ、境内の木々も流され、鳥居だけが建つ、がらんとした空間で、次々と郷土芸能が奉納される。そんな様子を見ていると、そもそも人が神様を祀ろうとする気持ちこそが、信仰の中心にあるのだということを思わされる。神社があるから信仰を持つのではない。ここが大切な場所だから、おはやしが鳴り、人々が舞いを舞うのだ。

町が消えてしまったあとに、そんな風景が出現すること、この土地が自分たちにとってそれほどまでに大切だと思えるというのは、すごいことじゃないか。故郷を持たない私には、ないものだ。

午前中にすべての団体が踊り終えて、今年のおまつりは終わった。

昨日の神輿のお供で燃え尽き、力尽きたように見えた八幡鹿舞のメンバーは、朝からとてもつらそうだったが、最後の力をふりしぼるように太鼓を打ち、無事に大杉神社での奉納を終えた。感想を聞くと、

「例年だと、まつりは三日間たっぷりある。でも、今年は大杉様の神輿が出なかったから、もの足りなかった。最終日なのに、『終わった』という気持ちの区切りがつけづらかった。お、終わる?……って感じ」

と、答えてくれた。

ふたつの神社から出る神輿が、お互いに行き来をしてきた。山田祭は、その両方の神輿が出られるようになって、初めて復活したといえる。

「やっぱり、ホームもアウェーも、両方ないと」

そう思う気持ちは、どちらの地域の人々にとっても、おなじなのかもしれない。

一二章　かどぶち

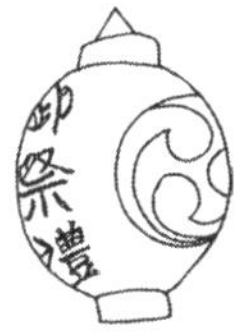

ある郷土芸能の保存会の会員が、お酒の席でこんなことを打ち明けてくれた。

「矢野さん、何度も来てるから話すけど、山田のまつりは〝ほいど〟まつりだって言われたことがあるんです。ほいど、つまり乞食ですよ。まつりはきれいごとだけじゃない、ということです」

いわゆる門打ちのことを、山田町では「かどぶち」という。郷土芸能を踊る団体が、人々の家の前で縁起ものの踊りを踊って、神社のご利益を届け、そのお礼にお花（ご祝儀）をいただくことである。

しかし、これがともすると強引な押しかけ行為になって、町の人々から批判されたことがあったという。もちろん、震災前の話である。

「なにしろ、おまつりにはお金がかかる」

ということから、かつてはどこの団体でも、「うちに踊りに来てほしい」と頼まれたところ以外にも、一軒一軒お花を目あてに押しかけていく、ということがあった。押しかけられるほうからすれば、それでは物乞いじゃないかと思うが、押しかける側の事情では、

「お金を集めるところから、まつりは始まる」

のであった。

昭和四十年代から五十年代にかけて、山田町がいちばん景気が良くて元気だったといわれていたころに、八幡大神楽に入って子ども時代を過ごした人が、豊かな時代の思い出話を聞かせてくれた。

「今でこそ、子どもが少なくなってしまったけれど、俺が子どものころは神楽やりたいって人が多くて、行っても断られるくらいだった。出れば、小学生は三〇〇〇円、中学生は五〇〇〇円、高校生は八〇〇〇円もらえた。子どものころはそれ持って、よく駄菓子屋へ行った。町内には、けっこう駄菓子屋があって。

おまつりが終わると、いつもみんなで近くの銭湯へ行くんだけど、ツケになってたから『八幡大神楽です』って言えば、ただで入れた。それで調子にのって、喫茶店行って『コーヒーください。八幡大神楽です』って言って怒られたりして。夜、宿《やど》で大人たちが酒飲みながら、まつりの話してるのにあこがれたな。早く、ああなりたいなあって」

おまつりに参加する子どもたちに渡すお小遣いもまた、門打ちで集めたお金から捻出される。だから、各団体は競って、町内の家々の門を叩いて歩いた。

ある保存会で、聞いた話。

「どこの家でも、とりあえず行けってことになっていた。押しかけられたら断りにくいものだが、なかには、なんで金を出さなきゃいけないんだって思う人もいる。でも面と向かっては断りにくいので、笛や太鼓が聞こえてくると、電気を消して居留守をつかう家もざらにあった。対面して断られることはまずない。出すか、居留守か、どっちかだ。まつりがさかんな町だけど、まつりに関心のない人だっている。そういう人は『ほいどみたいな真似して』って、毛嫌いしてた。でも、それをやんないと子どもたちに小遣いをやれないし、運営自体ができないからね」

けれども、なかには手段がだんだんエスカレートして、

「座敷のある店へ、ゲリラ的に押しかけていったこともある。知ってるやつにあらかじめ、俺たちが来たら箸に千円札をはさんで渡せと言っておくんだ。そうすれば、ほかの人もそうしなきゃならない雰囲気になるから」

というふうにまでなってくると、ちょっとやり過ぎではないかという批判の声が表に出てきて、おまつりを主催する氏子のあいだでも、頭の痛いことになった。ある氏子が言う。

「昔は、足袋でもなんでも自分で用意してたのに、彼らは衣装でもなんでもまとめて注文するという、いわゆる経営になっちゃってるんですね。役のついた団体は、本当は神輿行列から離れてはいけないのに、いくつも屋台をつくって、ひとつだけ残して行列から離れていく。それ

でグループに分かれて、門打ちに向かうんです。しかし、もはや運営のためというのを超えて金儲けになってるんじゃないかって、苦情を言う町民も出てきました。仮に、ひとつの団体に一〇〇〇円出したとして、六つの団体に次から次へ押しかけられれば、六〇〇〇円になってしまいますから」

町に新興住宅地が開け、そこへ外から移住してきた人々にとってはなおのこと、地縁も血縁もないのに、まったく迷惑な話だということになるのだろう。

しかし、昔からそうだったのか。戦前からおまつりを見てきた、という人に聞いてみた。

「昔の郷土芸能の団体は、先に行けばお祝いを多くもらえるからというので、争って行ったものでした。出すほうでも、来る人の顔を見て差をつけるということがあった。八幡宮の神輿が出る日には、大杉神社の三役がこっちの地区で門打ちしてまわり、大杉神社の神輿が出る日には、その逆で。

だけど戦前は、一般の人からはお金はもらわなかった。氏子総代だけが金を出していた。というのも、今のようにおまつりの規模が大きくなかったからです。今は接待でもなんでも、金がかかっていますよ。団体も、昔は一団体二〇人から三〇人だったのが、一〇〇人単位になってきて、それだけ経費がかかるようになった。それと、昔は昼の支度も神社でしていて、神社の下の家でも赤飯炊いたりと協力していたんですが、今は食べるものも飲むものも、ぜいたくになっている。

山田町でホタテの養殖をやるようになったのは最近の話で、養殖で生活が安定する前は、漁師はするめ一本だったから、不漁のときには神社の普請のための寄附を募っても、猛反発を食ったものです。昭和五十年代になってからは、みんな景気が良くなったから、神輿を新しく買うときにも目標の二倍のお金が集まったが。

漁師は、入るときには大きなお金が入るので、肝っ玉が大きくなる。まあ、信仰心のある人には、食べるもの減らしてでも、というような人もいるし、お金があっても出さない人もいる。人間の生き方ですから」

実際に、景気が悪くなると地区の人からお金を集めづらくなって、おまつりそのものができなくなってしまった地区もあるという。

「海がさかんないと、おまつりもさかんない」

といわれる、ゆえんである。

しかし、押しかけ行為があたり前になった世代の人たちのなかには、資金集めもまたこの町の文化である、という向きもある。

各郷土芸能の保存会で、いろんな話を聞いた。

「ほかの町のまつりは手弁当だったり、衣装も自前だったりするが、山田は門打ちで集めたお金で、お昼代、衣装代、子どもたちに『ご苦労さん』のお花代、すべてをまかなえる」

「まつりは、きれいごとじゃない。このお金をあてにして、必要な道具や衣装をツケで買うんだから、雨が降ったって台風が来たって、まつりはやらなければならないものなんです」

「なかには、俺が行ったおかげでなんぼあがった、俺の顔でもらった金だ、というプライドを持っているような人もいた。でもそれが、この町の文化だったんです。それは、子どもたちにお金を出させないためでもあった。扇子持って踊っていた子どもたちは、高校を卒業するころに大人の苦労がわかってくる。大変だったんですねって、彼らに言われると嬉しい。

楽しいだけのまつりじゃない。まつりの運営は大変だ。子どものときだけは、そんなことを知らないから楽しい。〝ほいど〟と言われることについてのジレンマは、子どものときには、俺も知らなかった。とにかくまつりはおもしろい、だった。大人になってお金にまつわる現実を知ったとき、いっときトーンダウンしたが、でもこの町に生まれた以上はやらないと。おもしろいまつりが俺を大人にさせてくれたから、俺も、子どもたちにおもしろいまつりを体験させてやりたいんです」

しかし、参加費をとる、という発想はなかったのだろうか。問うてみると、

「昔は、家に踊りを呼ぶことはステイタスだったから。漁師は見栄っ張りだから、あの家が呼んだならうちも、というふうになる。それで、あちこちへ呼ばれていったんです。

景気が良かったころは、門打ちに行くと金額もそうだが、いいお酒が出たな。神輿がおさまってから、何軒もまわるうちに、訪問先の家で酔いつぶれたり、ちょうちんや半てんを置いてきてしまったり。そのころは漁船団も元気が良くて、大きな船を持った旦那さまが多かった。

そういう人は、ふるまいも大きい。おめでたいことだしね」

文化だ、というのはそういうことなのだった。漁師が景気の良いときは、町におまつりを盛大にやれるだけの経済力があった。そうした時代の雰囲気が、人々を動かしてきたというのはあるだろう。

でも、おまつりが派手になっていく一方で、肝心の漁そのものはさかんなくなってしまった。そこで、家にまで押しかけてきて、お金を請求するというのはいかがなものか、そういう声が町民からあがり始めたちょうどそのとき、津波は来た。

今は山田町から離れて暮らしている、ある郷土芸能の会員が、寂しそうにこう話してくれた。

「今心配なのは、おまつりはこれまで人々の寄附によって成り立ってきた、それが今後どうなるのか、ということです。門打ちにまわるといっても、町のなかを流すのじゃなくて、仮設単位でまわることになるのかな。この仮設終わったら、次はあそこの仮設、みたいになっちゃうのかな。そんなのいやだな」

震災後は、押しかけ行為はもちろん、門打ちそのものも遠慮されている。

でも、各団体ではこれを機に、改めて町の人との関わりについて気づかされていることがあるという。

「『ごめんください』は自粛しようということになりましたが、町の人から、家に来てくれないとおまつりって感じがしないからと、逆に来てほしいと頼まれることもあるんです。もともと八幡町の人だったけど、今はほかの地区の仮設住宅に住んでいるというので、そこへ行って門打ちをやると、おなじ仮設の人がうちも、うちもって出てきてくれる。行ってよかったな、と思いました。

また震災前に、やはり八幡町で一人暮らしをしていたおばあさんが、おまつりが終わってから、わざわざ娘さんの車でやって来て、お花だけ置いていってくれたこともありました。『やっぱり八幡町の人間だから』って言って。町内でおまつりに無関係な人って、ほとんどいないんですね。自分が出ていなくても、子どもが出ているとか、孫が出ているとか、町民ならなんらかの関わりがあるはずで。だから向こうからわざわざ持って来てくれる、なんてこともある。出すほうも、出すつもりで準備をしていたんだなあと思わされました」

「門打ちそのものは昔からやっていたもので、震災後自粛になりましたが、こちらが行かなくても、自分から花を持ってきて『踊ってくれ』って言ってくれる人もいます。なんで来なかったのって、怒る人もいた。押しかけていくっていうのは山田だけだけど、押しかけていった家の人にも『待っていたのに』と言われたのには、驚きました。いつものように来てもらいたかった、と」

「まつりは、踊りの団体だけが、がんばって支えているのではないんです。見ている人が応援するからできるんだって、震災後改めて気づかされました。

まつりは、町の経済を動かすためにやっているんだと私は思います。子どもにお花をあげれば、彼らはそのお金を町で買い物に使うでしょ。まつりをやるには経費がかかるが、それも町の商店から衣装や道具を買ったり、飲食店を利用するためのお金だ。だから町内の商店では、お花を出すところが多いんです。買い物に来てもらいたい、お金を使ってほしい、ということですよ。この町はきっとそうやって、まつりでお金を循環させてきたんですね。まつりをやめたら、山田のそういう地域力がなくなって、町がすたれてしまうと思います。元気がなくなってしまうだろうと思う。

震災後、気づいたんです。山田はまつりをやって経済を動かすことで、地域の力を維持していたんじゃないかって。用品店や飲食店だけじゃない。床屋だって、そうだ。まつりの前には、みんな散髪しに来る。だからまつりが近づくと、みんな床屋へいく間隔を、そこに合うように逆算したりする。床屋のほうでも待ってるんですよね。来ねえなあ、とか言って。庭木屋だってそうだ。庭木屋は、まつりの前に神社をきれいにする。まつりやんないと、神社は草ぼうぼうになりますよ。一人がたくさんお金を使ってもしょうがない。みんながお金を使うことで、この町は経済を動かしてきたんです」

「震災後、うちのOBたちが、あのゆるくないときに、被災者であるにもかかわらず『お金を出すから、続けてくれ』って言って、花を渡してくれたとき、そういうものだったんだと、郷土芸能はそれくらい大事なものなんだと気がついた。子どもも、お金目あてじゃない子どもたちが来ているんですよ」

震災前まで、あたり前だと思われていたことを、もう昔のことのようにふり返る人たちを見ていると、人々の暮らしを過去と断絶させてしまうほどの、災害の大きさを思わないではいられない。

そして、いっぽうで、町の人から本音や裏話を聞かせてもらえるたびに、私にも以前の町並みが見えてくるような気がするのである。

おまつりの最終日、大杉神社の神輿がおさまる夜には、三役についていない団体にとって、神輿の順列はあってないようなものになったという。境田虎舞は、夜にこそ映える大山車を出して、地元の境田地区で盛大に餅まきをし、八木節は町内の大通りにわっと広がって踊って、それは華やかだったという。

「そうやって、みんな地元のために、それぞれ見せ場をつくったんです」

神輿がおさまってからも、夜の町には各団体のおはやしが鳴り響き、神輿見物を終えた人々は、あちこちの軒先で踊りが披露されるのを見ながら帰路に着いたのだろう。

街灯の下で、門打ちのために小グループに分かれて踊る各団体のメンバーは、疲れを忘れたように活き活きとしていたに違いない。それは、大きな花火があがったあとに、落ちてきた火の粉がまだキラキラと輝いているときのように、美しい光景であったろう。

一三章　雨のなかの再起

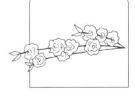

二〇一三年、秋。

震災から二年半がたって、ようやく町に重機が入り、津波に流された建物の基礎の撤去作業が始まったころ、震災後三度目の秋まつりが開催された。

おまつり前日の九月十三日の夜。八幡宮の境内では、鹿舞が本番前の最後の練習をしていた。震災の年に踊った中学一年生と高校一年生は、それぞれ中学三年生と高校三年生になっていた。ジャージ姿の彼らは、持参したタオルの両はじをしっかりと持って、笛と太鼓にあわせて、ひたすら舞い続けた。

タオルは、本番でつける幕のかわりだという。鹿舞の衣装は、宵宮祭の直前にしかできあがらないので、練習は最後までタオル一本で通すのだ。

ベテランの会員いわく、

「宵宮って、緊張するんですよ。なんでだろう。できあがったばかりの頭《かしら》をかぶる日でもある。それには、一〇人しか選ばれない。本当はその日の昼に、一度かぶって練習してもいいんだけど、みんな夕方にならないと来ないんです」

まるで来ないのが、伝統ででもあるかのように。

境内の砂利を踏みならしながら、足の動きも、それについてくる上半身の動きも、とても激しい。派手な踊りではないが、力強い。足腰を鍛えておかないと、へたばりそうだ。

おまつり本番では、いきなりカナガラのついた重い頭《かしら》をかぶって踊るだけではなく、その頭《かしら》をかぶったまま終日神輿のあとをついて歩くのだから、いずれにせよ若くて体力がないとつとまらないのだろう。

練習が終わると、辺りに飛び散らかされた砂利をもとに戻して、みんな来たときにそうしたように、鳥居の下で拝殿に向かって一礼し、帰っていった。

神社から下りるとすぐに、八幡大神楽の宿《やど》が入る二階建ての仮設店舗があり、その脇に新しい飾りと照明をつけられた屋台が、あたかも、

「準備万端、整いました」

とでもいったふうに、待機していた。そして、それをとり囲む会員たちも散髪を終え、身だしなみを整えて、スカイブルーの半てんを着、いよいよおまつりに向けて心身ともにひきしまってきたという感じに見えた。

九月十四日。おまつり初日。八幡宮の宵宮祭の日。

日中、八幡大神楽の半てんと手平鉦（通称「てんぴら」）を借りて、門打ちに同行させてもらえることになった。宿に顔を出すと、

「もうお客さんじゃないんだから、冷蔵庫から勝手にビール出してね」

と、言われる。

最初から、こうじゃなかった。初めはお客様として、かゆいところに手が届くようなもてなしをしてくれた彼らが、何度か通ううちに、いつの間にかこういう対応になった。なんというか、よく心得ている人たちだなあと思う。

震災後は、門打ちは会員の家と、あらかじめ約束をしたところだけをまわることになっている。しかし、昔は八幡町内だけですんだものを、今はあちこちの地区から会に参加してきているし、震災で八幡町の住人だった人が、ほかの地区の仮設住宅に移ってしまっているために、門打ちに出向く範囲はうんと広がったという。軽トラックに道具一式を積みこんで、会員も各自車を出して、みんなで町の端っこのほうまで出かけていく。

この日は、ずっと炎天下。門打ちに参加する子どもたちにつき添う、お母さんが、

「疲れませんか」

と、声をかけてくれる。

「みなさん、体力ありますね」

と答えると、彼女は夫たちのいるほうを見て、

「彼らは命かけてるから」

と言って、笑った。

お揃いの半てんを着せてもらって、みんなと一緒に歩いてみると、気分は想像以上にがらりと変わった。おまつりは、外で見ているのと、なかに入るのとでは全然違う。

おはやしに合わせて、てんぴらを鳴らす。自分が音の一部を出しているだけで、こんなに良いものなんだから、一緒に練習して本番を迎え、神輿について、ほかの団体と競い合いながら大声でヨイサーヨイサーと盛りあがれば、あるいは晴れたり雨が降ったりの一日の終わりに、町全体が夜に向かって一層活気づいていくのを仲間たちと一緒に感じられたら、それはどんなに忘れがたい一日になるだろう。

夕方、門打ちを終えて宿に戻ってくると、全員で神棚の前に座り、二礼二拍一礼のあと、お神酒をまわして、いよいよ宵宮祭へ向けて出発だ。ちょうちんに明かりのともった参道へ、おはやしを鳴らしながら、みんなで屋台を引いていく。

おなじ八幡町内にある鹿舞の仮設宿では、踊り手たちもカナガラの散髪を終えたことだろう。

さあ、おまつりだ、という空気が宵の町にみなぎり始め、郷土芸能の団体がそれぞれの宿を出発し、なじみのおはやしを奏でながら、神社に向かってくる。虎が来た。八木節が来た。山田大神楽や、関口剣舞も近づいてくる。

彼らが勇ましい面持ちで、団体名の入った旗を掲げて参道をのぼってくる様子は壮観だ。やがて境内は、にぎやかに人で埋め尽くされる。

大きな牡丹の花の描かれたスカイブルーの半てんを着た、八幡大神楽の会員が言う。

「まつりは、そのときだけ、つらいことを忘れられる。将来への不安とかを。まつりをやることによって、また頑張ろうと思うことができる。失った家を再建するには何千万というお金がかかるけど、まつりは一〇〇万くらいあれば衣装や道具が買えたりと、すぐに形になるから張り合いもあるんだ」

騒然とする境内で、私は今夜も、奥さんと小さな子どもを連れておまつりを見にくる、ある男性の姿を見かけた。

その人はいつも、じっと黙って、まるでなにかを確かめるためにここに来ているというような顔をしている。震災の前からそうだったのかどうかは知るよしもないが、その人にとって年に一度のおまつりは、きっとなくてはならないものなのだろうということだけは、ひしひしと感じられるのだった。

九月十五日。八幡宮のおまつりの日。

八幡大神楽で、今日も半てんを着て、神輿についていて歩いてみないかと誘ってくれたのだけれども、私はどうしても最後まで一緒に歩くことができなかった。

たしかに門打ちのときは、てんぴらを鳴らせただけで、すごく貴重な体験ができたと思った。ならば、おまつりでも三役として、自分も神輿について歩けたら、また新しい発見ができるかもしれない。

でもそれは、私にはなんだか場違いのような気がしてならなかったのである。単純に「よそ者だから」という気後れもあるけれど、それ以上に、震災はやっぱり体験した人にしかわからないのだという、この町に通い始めたときからずっと自分のなかで、根っこのようなところにひっかかるものがあって、それがしきりにうずくのである。

結局、せっかく貸してもらった半てんを途中で脱いで、私は神輿行列から離れてしまうのだが、でもその判断は間違っていなかったなと思えたのは、夜、神輿が無事におさまってから、宿に戻ってきた八幡大神楽が仲間うちで最後の舞いをやるのを、宿のある仮設店舗の二階から見下ろしたときだった。

良い眺めだった。ちょうちんや、屋台の明かりに浮かぶ一人ひとりの顔は、なんとも言えず充実して見える。

「まつりは、楽しいことだけじゃない。つらいだけだ、と思うこともある」

と、誰か言っていたけれど、やるべきことを成し遂げて、一日の終わりに心からほっとしている顔、完全燃焼したような満足げな顔、目がきらきら輝いて、仲間たちと気持ちよく笑いあっている、この上もなく優しい顔。

それは、この町に住み、一年間おまつりが来るのを待ち続けた人たちにしか、できない顔なのである。

みんな、そんな自分の顔をきっと見たことはないだろうな、と思いながら、私はいつまでも二階に陣取って、その風景を眺めていたかった。


九月十六日。大杉神社のおまつりの日。

大杉神社のあった北浜町の一帯は、今後は住宅を建てられない区域に指定される。大杉神社そのものは、もともとあった場所、つまり江戸時代に島の坊が祀られた、柳沢地区の山の上に再建されることになった。

おまつりの少し前に、その新しい社殿が完成したが、山頂は平地面積がとてもせまいので、社殿もこじんまりとした造りになり、おまつりの日も、そこに人をたくさん集めることはできないという。だから昨夜の宵宮祭も、関係者だけで、神事と郷土芸能の奉納がおこなわれたようだった。

そして今年は、あんば様の本家である茨城県の大杉神社から寄贈された小さなお神輿を出して、引船もやろうと準備が進められていたようだったが、残念ながら台風がやって来た。

朝から、すでに空と海は荒れていて、引船は中止。

傘をさして国道を歩いてみると、雨のなか、三役の山田大神楽と関口剣舞を従えて、

「わっせ、わっせ」

と、小さなお神輿が舎人たちにかつがれて、走っていくのが見えた。

八幡宮の神輿をすっかり見慣れていた私にとって、それは初め、どこか知らない町のおまつりのように見えた。隣り合った地区なのに、舎人たちの様子も、郷土芸能の団体の雰囲気も、それくらい違って見えた。

雨でびしょ濡れの魚市場では、神輿が水揚げ場を行ったり来たり、小一時間ばかり走りまわったろうか。

舎人たちの顔は、たとえ小さくても、仮のものでも、とにかくかつぎたかったのだ、というように見えた。そしてその気持ちは、この神輿行列に参加している者にしかわからないんだ、というふうに、場内は異様な盛りあがりに包まれていた。

声が枯れるまで、

「よーっいーっしょーっ、よーっいーっしょーっ」

「まーわーれっ、まーわーれっ」

と、叫び続ける山田大神楽の人たち。

「ウリャーッ、まわせまわせーっ」

と、怒鳴りながら、まるで無意識のように、隣の人の肩に手をかけたり、背中に腕をまわしたりしながら、支え合ってひとつになろうとしている舎人たち。嬉しい、楽しいというよりは、

大杉神社の鳥居

歯を食いしばって、苦行の果てのような顔を、みんなしている。

港には、台風を逃れて休んでいる大きな船があり、その甲板の上では八木節が傘をまわして踊っていた。雨のなかでも、彼らはとても華やかに見える。昔は、こういう寄港船が花代を置いていってくれたらしい。

午後、早めの時間に神輿の還御をすませたあと、北浜町の被災した神社の境内で、昨年とおなじように、すべての郷土芸能が奉納された。しかし、雨と風は強まる一方で、しまいには傘もさせないほどの大荒れとなり、九月というのに凍えそうなほど寒かった。

それでも途中でお開きとはならず、最後の八木節まで全部踊りきる。こういうのを、意地というのだろう。

震えて、頭からずぶ濡れになった人たちは、おまつりを終えるとようやくほっとしたような、あたたかい笑顔を見せていた。

津波で大破した大杉神社の神輿は、舎人たちによる募金活動や、さまざまの寄付によって、やっと修理の目途がたち、この日のおまつりを最後まで見届けてから、岐阜県の職人のもとへ送られていった。

私も、身体の芯まですっかり冷えきってしまったので、帰りに八幡大神楽の宿で暖をとらせてもらうことにした。

宿では、ちょうど門打ちから帰ってきた屋台を出迎え、みんな揃って三本締めをやるところだった。

「ああ、これで今年のまつりも終わりだね」

と、見にきていた近所の人がつぶやいた。

会員の奥さんたちが用意してくれたすいとんで温まり、漁師が差し入れてくれた刺身や惣菜をつつきながら、宿で直会が始まった。

「今のまつり、俺はおもしろいとは思わない。すごいから来て、とは人に言えない」

昔、大杉神社の神輿をかついでいたという年輩者が、まぎれこんでいる。彼の言う「今」とは、もちろん震災後の、ということではない。

「昔は、今みたいに舎人の数が多くないから、交代要員なんかいなかった。一日じゅう、おなじメンバーで神輿をかついだ。まず痛くなるのが、つま先だ。前の人の足を蹴り続けるから、つぶれてしまう。後ろからも蹴られるが、かかとはもう少し丈夫だからね。かついでるときは、下なんて見えないから。大杉様の神輿は海に入るのだが、海の底に落ちているガラスで足を切る。でも、水のなかにいるあいだは、切っても傷みはない。陸《おか》にあがってみると、切れて血が流れている。

最初は軽いと思っていた神輿も、疲れてくると、すごく重たくなってくる。午後三時ごろになると、肩がむけて肉が見えてきて、終わって船主のところへ行くと、血でくっついている服をビリっとはがされるんだ。血がついていないと『さぼったろ』って怒られる。そこまでやらねば男じゃない、というふうで、なかにはそれを勲章みたいに見せる者もいる。船主にとっては『俺の代表として、かつげよ』ということだから。何々丸、として出るんだからね（注：血を流している者、いわゆる「ケガレ」た者に神聖な神輿をかつがせるはずはない、という町の方からのご指摘もあったが、ここでは舎人にとってはそれくらい過酷なのだという、表現のひとつとして捉えておきたい）。

神輿は神様だから、邪魔になるものは、なんでもぶつかっていく。バスに突っこんでいったこともあった。神輿はまっすぐ進むわけじゃないから、露天商の店もつぶしていく。主人も文句を言えなかった。一キロ先から、『わっせ』という声が聞こえた。地響きのような声だった。家にいても地響きのように聞こえてくるから、神輿だ、と言ってすぐに家から出ていった。今の人は、声が出ていない。全員が声を出して、初めて地響きになるんだ。

終わるころには、つらさも麻痺してきて、『まだやっていたい』と思う。だからあと一時間で終わり、というところまでくると、まわったり、あばれたり。山田の人は、よけるのうまいのね。神輿に関わることでは怪我はしない、といわれていた。もっとも一度だけ、あったけど。まいちばん前は、ベテランがかつぐ。『あぶない』と思って手ばなしたら、船主に怒られる。まあ船主も、そうやって若いもん怒って、楽しんでいたんじゃないかと思うけどね。そういうの知ってるから、今のはつまらないと思う。昔は、神輿をかつぐと足袋がぼろぼろになるから、カノジョが足袋の替えをもって神輿にくっついて歩いた。途中で替えてもらってるところ見て、

『あの二人、つきあってたんだ』って、みんながわかるような日でもあった。

　昔の人は、普段の生活のなかにも、ものをかつぐということがあったし、我慢もできる。今は、我慢しないですむ。交代要員がいるから。なにも血が出るまでかつぐこともないと思うが、昔は血が出るのが勲章だったよ。山田町は、馬鹿ばっかりだから。おまつり馬鹿。盆に帰ってこないのに、まつりには帰ってくるんだから。ただ、やっぱりまつりは地元に限るね。よそとは、比べられないもの」

　いっときは大荒れに荒れて、建物の外に出ることも危ぶまれたが、夕方には台風は通り過ぎて、雨があがった。

　酔いをさまそうと仮設店舗のベランダに出てみると、ちょうど雲が切れて、夕日があざやかに差してきたところだった。おまつりの終わった町を照らしている。町といっても、ほとんど町並みのない町を。そこらじゅう、あちこちにできた水たまりが、全部オレンジ色に染まっている。

　その風景を見ていたら、なぜか突然、涙がこぼれ落ちてきた。

　なぜ、私は泣いているのだろう。涙はあとからあとから、あふれて止まらない。

　誰かに声をかけてほしくもあったし、誰にも見つかりたくないとも思った。涙の理由が、よくわからないからである。

　少したって、ようやく落ち着いて宿に戻ると、入口の近くにいた人が声をかけてくれた。

「あれ、しばらくいませんでしたね」

実は、と正直に話すと、その人も、その隣にいた人も真面目な顔でうなずいて、

「ああ、やっぱりね。やっぱりまつりは、そういうことが起こるんだよね」

と、言った。

一四章　北浜

空襲や火災から、自らが犠牲になって集落を守ってくれた神様だと、北浜の人々に信じられてきた大杉神社。

「すべて神様が守ってくれている」

という思いが、人々がおまつりを盛大にしようという気持ちに、つながってきたのに違いない。

大杉神社に神輿が奉納されたのは、明治十四年八月三十一日のことだった。次のような記録が残されている。

「発起人願主頭　大浦濱川端半兵衛、山田村阿部多兵衛、三日町木下善治郎、三日町湊吉兵衛、山田村武藤清吉ら、神輿を宮古浦東屋長七の帆前船長才丸に御座し、東京より四日目にて宮古浦入船、山田より鰹船六、鯣船三艘に戸長伍長衆大太鼓を先頭に、弁当酒肴で出迎え、まるで祭礼の様に賑やかであった」

はるばる東京から海路をやって来た神輿を迎えたその日は、まさに引船まつりのようなにぎわいであったろうと、北浜の人たちは想像する。

大杉神社の神輿の運行をまかされてきた北浜の漁船団は、「山田区年行司」と呼ばれている。「山田区」は旧山田村のことであり、「年行司」は先に説明した「漁船団」と同義である（先述の飯岡浦漁船団にもかつては「年行司」の名称があったが、今は廃止されている）。

昭和四十五年に山田湾漁協ができたときには、あえて「漁船団」という言葉をつけて「山田区年行司漁船団」と名乗ったので、巷ではこれまで「北浜漁船団」の通称で親しまれてきた。

しかし、今回の大震災で北浜の漁師たちが被災し、漁船団としての活動そのものがたちゆかなくなってしまった今、再び「漁船団」の文字をはずして「山田区年行司」と名乗ることにした。そこには、今後は漁師以外の人も受け入れて、先へつなげていきたいという願いがこめられているという。

津波のたびに歴史的な資料が流されてしまった山田町だが、北浜の漁師たちには、昔、龍神祭のときに使われていたと思われる古い幟が残されていて、そこには「文久二年　山田浦船頭講中」という文字が書かれている。この「山田浦船頭講中」が、山田区年行司の前身であろうといわれている。

その山田区年行司で、話を聞かせてもらった。

「江戸時代の山田浦船頭講中が『山田区年行司』と呼ばれるようになったのは、明治に入ってからで、年行司は漁師町において、いわゆる自治会長のような役まわりをしていたと考えられます。漁場の争いや、資金の工面など、個人では解決できないような問題に、みんなで取り組もうとしたのですね。

　今、北浜と呼ばれている地区は、かつて釜谷洞《かまやほら》と呼ばれていましたが、いわゆるカメホラ衆といえば、非常に団結力の強い地区だとまわりからも思われていました。昔は、この地区に住むほとんどの人が漁業にたずさわっていて、イカ釣りをするような大型船が多く、人力に頼っていた時代には漁をするにも人数が要ったので、船主の親兄弟はもとより親戚一同みんな乗せて、船一艘が一族の船という感じでした。年行司は船主たちの集まりなので、年行司の決めたことが、そのまま地域の決定となることも多く、おまつりのときも年行司の呼びかけによって、若者たちを動員できたのでしょう」

　そして、漁師たちのあいだでも、

「大杉神社祭典のときには、出漁しないこと。もし出漁したら、獲った魚は没収」

という、定め書きまでつくられていたという。なにごとも、みんなで団結してやるんだというのが、いつも彼らのベースにはあったのだ。

「明治の初めごろは、まだ大杉神社に神輿はないから、町へくり出していくこともなく、おまつりの規模は小さかったろうと思われます。神事だけやって、拝んで終わりだったかもしれない。おまつりを盛大にしたいと願った氏子たちに協力を求められて、年行司がおまつりに関わるようになってから、神輿を買って『塩垢離』や『引船』がおこなわれるようになり、おまつりがにぎやかになってきました」

大杉神社の神輿は、朝、神社を出たらすぐに海に入り（塩垢離）、それから船にのせられて海上渡御（引船）がおこなわれ、陸に上がると今度は町内を陸上渡御、そして夜遅くにようやく神社に帰ってきて、なおあばれるというふうに、一日のうちに見どころがたくさん散りばめられていた。

引船は、湾口の明神崎に祀られる「明神様」に詣で、大漁と海上安全を祈るためにおこなわれるもので、それにはまず五隻の役船《やくぶね》が選ばれる。神輿をのせる輿船《こしぶね》と、大太鼓、神幸旗《しんこうき》、そして三役の山田大神楽と関口剣舞をそれぞれのせる船である。

役船は毎年順番にまわってくるものだが、引船に出られる船がいちばん多いときで二五隻ほどあったころは、船主にとって自分の船に神輿をのせられるチャンスは、二五年に一度しか巡ってこなかった。

「当時の船主たちは、自分の代で神輿をのせられればラッキーだと考えていました。若いうちは、大型船の船主になどなれないですから、自分が船主になって神輿をのせられる順番がまわってくるまで、はたして漁師をやっていられるかどうか。また、まつりをやるのは台風の多い季節でもあるから、今年のように中止になってしまえば、後ろのほうの人たちはまた一年足踏みしてしまう。年をとってくると、なんとか生きているあいだにと思っても、叶わないことも

塩垢離

あったでしょう。だから自分の船に神輿をのせるというのは、船主にとっての夢だったんです。一生に一度、叶うかどうかの夢です」

役船につけない船主たちも、おまつりの日には船を出して人を乗せ、船上で祝宴を開いたという。たくさんの大漁旗でにぎやかに飾りつけられた船に乗り、郷土芸能のおやはしを耳に、海を渡る神輿を寿ぎながらの航海。それは、さぞや夢心地になれるような時間だったに違いない。

「漁師のまつりなので、昔は船からそれぞれ代表を出しました。舎人一人、旗持ち二人、警護一人というふうに。たとえば北浜のある家では、父は警護、長男は神輿をかつぎ、次男、三男は旗持ち、母と妹は足袋をもって神輿にくっついて歩く、というように。そうして、みんなが夜中まで神輿について歩くから、まつりの日には家には誰もいなかったんです。夜遅くまで子どもが神輿にくっついて歩いてると、学校の先生に『親はどうしたんだ』と呼びとめられる。すると、子どもが『親はそこにいます』と答える、なんていう笑い話もありましたっけ。学校の先生は町外から赴任してくるから、そういう地域の事情がわからないんですよ」

北浜に生まれた男たちは、神輿をかつぐ年齢になる前に、旗持ちを体験する。それは神輿の動きを、まず身体で覚えるためだった。

「神輿はあばれる。ふっ飛んでいく。最後のほうは、舎人も魂が抜けたようになる。そうなると、神輿はいつ向きを変えて走り出すか、わからない。それを身体で覚えるために、旗持ちをやるんです。旗持ちをやっていたときには『下を見るな』って言われてました。神輿の上についている鳳凰を見ていろ、それが向きを変えたらパッと逃げろ。でないと踏みつぶされるぞ、と。

爆発して、一気に走っていくのが大杉神社。ふっ飛んで歩く神輿だから、見物人もふっ飛んで歩く。なにか無性に走りまわりたいという気持ちが、山田の人にはあるんじゃないですか。夜になっても、あとをついて歩く町の人々が期待しているのは、神輿がいつ走り出すか、いつ向きを変えて戻ってくるか、ということなんです。特に夜、神輿に明かりがともると、そこからは神輿と一緒に走りまわる時間です。だから、広い国道から、神社のある細い道に帰ってくるときは大変だ。そこへ入ってしまうと道幅がせまくなるので、神輿は走りたくても、走れなくなってしまう。

年行司にとっては、その道に神輿を入れるのが、ひとつの難関でした。年行司がいくら『入れ、入れ』と言ったって、見物人は『戻れ、戻れ』、『走れ、走れ』と、はやすんです。町の人たちも、もう魂抜けてしまっているし、舎人たちとしても、じゃあもう少し町を練り歩くか、とねばる。『入れ、入れ』、『戻れ、戻れ』という、そういうせめぎ合いがあったんですね。このときばかりは、神輿も年行司の言うことをきかなかった。走りまわる神輿が、山田の神輿の感覚なんです。見ている人も一緒に走る。ほかのまつりとは、そこが違う」

時代が下り、漁船漁業がふるわなくなってくると、引船に選ばれるイカ釣り船のような大きな船もだんだんと減っていき、震災前には一五隻になっていた。そして震災後の今は、五隻の都合がつけられれば幸いという、ぎりぎりのところまできてしまっている。

船から何人出す、という枠も平成の初めごろには外されて、舎人も一般公募されるようになった。

でも、たとえ漁師の数は少なくなっても、この土地に生きる人々には、その熱い血が脈々と受け継がれているようだ。父が北浜の漁師だったという、ある自営業の男性が、こんな思い出話を聞かせてくれた。

「小学五年生のときに、父にやれと言われて、初めて旗持ちを経験しました。父は北浜の漁師の家に生まれた男なんだから、息子はまつりに出るものだと思っていたんでしょう。でも、私は父に言われなければ出ないような、ひっこみ思案のタイプだったので、中学生になったら、やっぱり勉強しなきゃと思ってまつりに出なかったんです。小学校は地区ごとにあるので、地区のおまつりの日は休みになりましたが、中学はあちこちの地区から来ているので、おまつりの日に休むには届け出なければなりませんでしたから。でも、学校にいて勉強していても、落ち着かない。今ごろ神輿はどの辺にいるだろうか、と思ってしまう。そのとき、心に火がつきました。学校が終わって、すぐにふっ飛んで帰って、神輿について歩いたんです。

そして高校二年のとき、神輿をかつぎたいと言ったら、今度は父が『漁師のまつりだ。学生の分際で、神輿をかつぐなんて』と反対するんですよ。かつぐなら、まつりの一週間前から、朝起きたら塩で身体を清めろ、と言われました。神輿は神聖なもので、それをかつぐんだからと。父はこだわりが強かったんでしょう。そんな父がよく言っていたのは『まつりのときは、馬鹿にならないといけない』でした。つまり、おまつりですましてちゃだめだぞ、と」

カメホラ衆という言葉を誇らしげに言うこの男性は、さらに熱を入れて、こう語った。

「空襲からも、大火事からも、大杉様が身代わりになって、私たちを守ってくれた。北浜の人の神様に対する思いは、『信心深い』などという言葉では表せません。言葉ではない。理屈ではない。こればかりは、血。DNAなんです。こんなエピソードがあります。昭和十七年、神様が絶大と思われていたころの話です。その年の秋まつりで、あまりにも神輿があばれるので、巡査がついにサーベルを抜いて神輿の前に立ちはだかり、神輿をとめようとした。すると、神様に向かってサーベルを抜くとはなにごとだと、神輿が突っこんでいって巡査を押し倒してしまったんです。それで当時の宮司、氏子総代、年行司が牢屋に入れられました。

しかし、その後北浜の人はどうしたかというと、うちの神様は前科一犯だ、ということをむしろ誇りにするようになったんです。我々は、そういうことを親から聞かされて、ああそうなんだ、神様は偉いものなんだと思いながら育ってきた。親からも、まわりからもそう聞かされて育てば、必然的にそうなります。

山田の人たちの神様への思い入れは、沿岸のなかでも特に強いんじゃないでしょうか。よその町へ嫁いだ、ある娘さんが、北浜の親戚に『山田の娘を嫁にもらったら、神輿をかつがなきゃいけないよ』と言われ、それからその言葉にしたがって、夫が神輿をかつぎに来るようになった、というような話がいくつもあります。私の母も、普段は腰が痛い、痛いと言っているのに、まつりの日になるとしゃんとして、神輿を追っかけて走るんですよ」

世の中の秩序という枠にはおさまりきらない、人々の魂を解放してしまうような大きな仕掛けが、やはりおまつりのなかには仕組まれているらしい。

一五章　完全復活へ

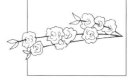

大杉神社の舎人には一〇年、二〇年、あるいは三〇年かついできたというベテランが揃っている。震災前は、そのベテランたちがつくった有志の会を「十年会《じゅうねんかい》」と呼んでいた。一〇年以上かついだ人々の集まり、という意味で、北浜町出身の人がほとんどだったという。

山田区年行司によれば、

「毎年九月に入ってから、かつぎ手を募集するのだが、いずれおなじみの人々がそれを待ちかまえている。かつぐ人たちは一〇年、二〇年と続けているから、毎年おなじ顔になってきて、でも、それでまとまりもできてきたんです。一〇年かつげば、表彰される。一〇年かついで一人前だ、ということで『大杉神社十年会』というちょうちんをつくって、そこに自分の名前を入れて、神社に奉納した。そのちょうちんの明かりで北浜の町を照らそう、とね。一〇年やれば、自分の名前が書かれたちょうちんが飾られるんだからと、みんな目標にしていたんです」

しかし、震災後は年行司の名前から「漁船団」が消えたように、「十年会」も「神輿会《みこしかい》」と名前を改められることになった。漁師でない人でも、北浜の生まれでない人でも入れるようにして、新しい風を入れていかないと先細ってしまうのではないか、という不安がそこにはあるという。ちなみに、八幡宮の神輿会《しんこうかい》とおなじ字を書くが、こちらは「みこしかい」と読む。言うまでもなく、別組織である。

その神輿会で、話を聞くことができた。

「重さ八〇〇キロといわれる神輿に、照明用のバッテリーを積んで一トンかな。あと、御霊を入れたら、もっと重くなる。かつぎ手は八〇人から九〇人いて、一度にかつぐのは三〇人くらいだが、実際にかつぐのは五〇人だな」

そう言って、ベテランが笑う。交代要員がたくさんいても、ベテランを追い抜くのは容易じゃないぞ、という意味らしい。特に、かつぎ棒の先端は、なかなかとれないポジションだそうだ。

「来年はひとつでも前へいきたい、と思いながら、みんなかついでいるんだ」

先頭は舵とり役を担うので、相当の年季がいるという。

「だから、大杉様の神輿はいつも左側へ傾いている」

と、ベテランがまた意味深に笑う。

それは右側の先頭を、背の高い人がもう三〇年もかついでいるためで、左側の先頭をもっと背の高い人がとらない限り、そっちに余分に重量がかかって、そこはいつまでもつらいポジシヨンになり続けてしまうんだ、と。

「四〇年かついだ」というベテランが、神輿への思いをこんなふうに語ってくれた。

「一〇年かかっても鼻棒《はなぼう》（前棒《まえぼう》ともいう。かつぎ棒の先頭のこと）はとれない。そこは舵をとるところだから、力が余計に必要なんだ。先頭は、足で突っぱって舵をとる。足でひねってな。だから足袋がいくつあってもだめ。あんまり押すなよって、しゃべりながら舵をとるんだ。ゆるくねえ。前のやつが疲れてきたら、そいつをどけて自分が前へ出るんだが、なかなか前へはいけないよ。一生かかっても、後ろのままのやつもいる」

たとえ先頭をとれたとしても、自分にはその舵とりができないと思ったから、ずっと後ろにいたと語る人もいる。

「中学生はだめだ。身体が大きくても、まだ体力がない。高校生からかつがせる。しかし、なかなかもたない。今は交代できるようになって、最後までもつようになったが、昔は人も少なかったから、交代がなかった。それで夜中の十二時過ぎまでかついだ。大杉様は、夜まつりだ。国道から神社に続く細い道を入ってくると、ばあさまたちが道にむしろを敷いて座り、神様が帰ってきたって拝んでる。それ見ると、ここでつぶれるわけにはいかない、と思うんだ。夜中なのに、ばあさまたちが涙流しながら拝んでいる顔を見ると、つぶすわけにはいかないと燃えてくる。意地でもかつぎ続けて、神輿をおさめたあとはもう歩けない。酒も飲めなかった。風呂にも入らないで、くさい身体のまんま二日間寝込んだこともあった。

海に入るときは勢いつけて入るから、足を岩にぶっつけて、痛かったとは思うが、どの程度の傷かわからない。あとで見たら足の爪がつぶれていたり、なくなってたり。俺たちが神輿かつぐのは、遊びじゃないんだ。俺は、神輿に惚れている。かついでいるときは、痛い、かばすくねえ（にくたらしい）、もうかつぎたくないと思う。でも一年たつと、またやりたくなる。罪だなあ、この神輿は。見て、きれいだとは思っても、誰でもかつげるわけじゃない。神輿ってのは不思議なんだ。一人で持てるもんではないから」

もう一人、話をしてくれたベテランは、

「ここにいる人間で、震災で身内や家をなくしてない者はいない。みんな、そういう気持ちを抱えてやっているんだ」

という言葉を、思いがけないほど優しい口調で言ってから、こんな思い出話を聞かせてくれた。

「子どものころ、まつりが終わった次の日に、ぶどう箱（木箱）に『神様だ』って言って石をつめて、かついで歩いた。北浜のわらし（子ども）集めて、もう一度おまつりをやったんだ。それで車を止めちゃったこともあるし、『わらしの神輿が来た』ってんで、塩出してきてくれる家もあったよ。それが北浜だ。まつりは、北浜に住んでいる以上は逃れられないものだ。俺のすべてだ。やらねばならないからさ。やっぱり、使命感だべな。まつりは、地元だからやってかねばねえって、自然にそうなっていった。どらんでいこ（大太鼓）、旗持ち、神輿とあがっていくのがあたり前で、それをやるのに嬉しさもあった。ただ、子どものころ神輿はおっかなくて、とっつけなかった。見るだけで怖かった」

八幡宮と大杉神社。一緒におまつりをやりながら、このふたつの神社のある地区の人たちは、お互いに強いライバル心を持っている。

「みんな、俺とこのまつりがいちばんだ、と思っているんですよ」

北浜の人に聞いた。

「昔から、大杉様中心の山田村と、八幡様中心の飯岡村とは対立し、勢力争いをしてきたんです。山田湾を割って争う、それぞれの村の漁船団がおまつりをバックアップしているんだから、それだけみんな、おまつりに対する意識も強くなるわけです。私が若いときから、互いに反感がすごくて、北浜に八幡様の神輿が来ると、『あれは飯岡のまつりだ』と、みんな冷めた目で見ていました。なにこの程度のまつりして、明日見ていろよ、という感じ。大杉様には塩垢離という見せ場があるぞ、と。我々は、燃えながら一年待っている。だから走るんです。走っていく。女も子どもも、かたって（参加して）走っていく。それくらい、燃えあがるまつりなんです」

でも震災後、両地区の人々は申し合わせたように、こう言うのである。

「山田祭の本当の復活は、大杉様の神輿が出るとき。ふたつの神輿が揃わないと、その場だけは盛りあがるけど、不完全燃焼なんだ。八幡宮でついた火が燃えて、燃えて、大杉神社で燃え尽きる。今までずっとそうやってきているから、みんな一日じゃもの足りない。三日間やって、初めて『今年もやった』という感じになると思う。だからみんな、今年（二〇一四年）のまつりに賭けているんです」

震災から、三年半がたとうとしている。

これまで三度のおまつりでは、被災してバラバラになってしまった大杉神社の神輿を、地元の人がなんとかもとの形になるよう組み立てて、おまつりのたびに境内に置いていた。そして、二〇一三年のおまつりが終わった日に、神輿は修理のために岐阜県の職人のもとへ送られた。その神輿が、一年のときをへて、大杉神社に帰ってくる。

二〇一四年八月三日。

朝十時。津波に流されなかった鳥居の姿だけが目立つ、北浜の大杉神社の境内に再び紅白の幕が張られ、神社の脇の道に止められた大型トラックのまわりには、すでに白張を着た舎人たちの姿があった。

てっきり、みんな嬉しさでにこにこしているのかと思ったら、誰もが硬く緊張した顔をしている。

やがてトラックの荷台の扉が開いて、黒い屋根がのった黄金色の神輿が現れたが、なおも感情をおさえたように、舎人たちの表情は硬かった。

午後のお披露目には、舎人五〇人でこの新しい神輿をかついで、町内を練り歩くことになっている。

午後一時。柳沢の山頂に建てられた新しい社殿で、帰ってきた神輿に御霊を移すための神事がおこなわれた。晴れて、山頂にはさわやかな風が吹いている。関口不動尊神楽の人々が嬉しそうに、とても良い顔をして、おはやしを奏でていた。

そばにいた舎人の一人に、思い切って、

「お神輿は、前のものとおなじですか」

と、尋ねてみると、その人は微笑しながら、

「まあ、ほぼね。細かいところが違っているけど……まあ、ほぼおなじかな」

と、答えてくれた。

私はその「違っている」という言葉が、とても気になった。その人が、私の質問に表面的に受け答えたのではなく、正直に気持ちを聞かせてくれたような気がしたからだった。

実際に、前の神輿から使えた部品はほんの数個だけで、ほとんどつくり直さなければならないような状態だったらしい。でも、舎人が寂しそうだったのは、そういう細部のことではなくて、もしかすると新しい神輿を見て、前の神輿への愛着の大きさを、はからずも自分のなかで再確認してしまったからなのかもしれない。

御霊は、八幡宮の神輿が帰ってきたときのように、まず昨年のおまつりに登場した小さな神輿に移されて、舎人たちにかつがれ、山の急坂を下りていく。そして、北浜の神社で待つ新しい本神輿に移されて、町へお披露目にくり出すことになっていた。

神輿は山から下りるときには、前に山田大神楽、後ろに関口剣舞がついてお供をされ、北浜で八幡大神楽、八幡鹿舞、境田虎舞、八木節に出迎えられた。

三年間、神輿を待ちに待った人たち。そして迎えた、今日の日。

待望の神輿をやっとかつげるという瞬間、年行司の、

「ワーホーッ」

の声を聞いて、

「ウリャーッ」

という叫び声とともに、舎人たちがいっせいに神輿をかつぎあげたとき、被災した神社の境内は初めて、ワアッと活気づいた。

久しぶりの、肩にかかる重さであるのだろう。気合いの入った顔をした男たちに背負われて、神輿は土けむりをあげながら境内で文字通り、あばれ始めた。

先頭でかつぐ舎人の、

「まわせまわせーっ」

という声で、勢いをつけた神輿は、

「ウリャーーッ」

という叫び声を合図に、逆走を始める。方向を変えるとき、舎人たちは右肩から左肩へとかつぎ棒を持ちかえて、ありったけのスピードをつけていった。

私のそばにいた警護担当の人が、思わず苦笑いを浮かべて、

「今日はお披露目だから、おごそかに歩くはずだったんですけどねぇ」

と言うので、つられてこっちも笑ってしまう。そのあいだにも神輿は、あっという間に道の向こうに小さくなってしまった。

道端で、

「つぶされるわよ」

と、若いお母さんが子どもに言うと、

「つぶされやしないよ」

と、子どもが答えた。

この日の神輿行列には、およそ三〇〇人がついて練り歩いたそうである。ただしその数字には、神輿を追いかけていた町民の数までは入っていない。

仮設団地の前で休憩をとったとき、目が合った舎人の一人が「ポン」と、無言で私の肩を叩いてきた。なにも言わなくても、嬉しさがしみじみと伝わってくる。本当に気持ちがまっすぐで、情のかたまりのような人たちだ。

夕方。お披露目が終わって、無事に神輿が山頂の神社におさめられたあと、三役の山田大神楽の直会に、お邪魔することができた。

私は、神輿があばれまわるせいで、郷土芸能の人たちの配列がこわれてしまうことを念頭に、大杉神社の神輿行列の正式な配列を教えてくださいと、切り出してみた。鎌をかけたのではなく、まだ神幸祭行事表なるものを入手できていなかったので、少しでも情報を集めたいと思っていたのだ。

すると、そばにいた男性から返ってきたのは、

「まず大太鼓だろ、そして山田大神楽、神輿、関口剣舞、八木節……いや神輿の前に、八木節がいたかな」

という頼りない返事。いよいよ神輿行列の混乱ぶりが想像できよう、と思って可笑しくなったが、居合わせた女性たちが、

「みんな、自分のところしかわからないんですよ」

と、笑ったので、男性は、

「山田のまつりは、みんな俺がいちばんだと思っているから成り立ってるんだ」

と、開き直ってみせた。言い得て妙である。

昔は、ケンカまつり。でも時代は変わって、今はみんなおとなしくなったなあと、ベテランの会員がつぶやく。

「お互いに譲れるところは譲って、楽しくやろうやってことになってきたので、殴り合いのケンカなんかすることはもうないよ」

それを聞いて、若手からはすぐに、

「ケンカしないほうが、心配だがな」

と、声があがる。

震災前の、最後のおまつりから数えて四年間、彼らは守るべき神輿とともに町へくり出すことができなかった。酔いがだいぶんまわってきたころ、会員たちが口々に言う。

「今日はこうして冗談言って笑ってるけど、ほんとはみんな、ウルウルだ。今年のおまつりは盛りあげたい。二年前、八幡様の神輿が帰ってきたときには、俺たち、最後は境内の裏に行って泣いてたんだ」

「神輿あっての、おまつりだ。神輿をかつげない人たちのことを思うと、これまで自分たちも思い切り楽しめなかった。待っていよう、と思った」

そうして、おまつりへの熱い気持ちをそれぞれに語り出せば、もうとまらない。

「山田は、ほかとは違う。沿岸のなかでも、山田だけは違う」

老若男女、唱えるようにそうくり返す。

「山田町の人間にとって、まつりは意識のないときからあるものなんですよ。母親のお腹のなかにいるときから、おはやしを聞いているんだから」

しかし、

「まつりへの思い……それはいったい、なんでしょうね」

みんな、言葉が見つからない。

一六章　関口剣舞

海に面した北浜町の大杉神社のおまつりに、内陸の関谷地区の山田大神楽と、関口地区の関口剣舞が奉納されるようになったのは、なぜか。

それは、

「北浜に、これという郷土芸能がなかったからだ」

と、町の人はシンプルに説いてくれるが、内陸から海へ向かって開けてきた町の歴史と、無縁ではないらしい。

大杉神社の神輿が塩垢離をする浜に注ぐ、関口川をさかのぼっていくと、まず関谷地区、そしてその奥に関口地区がある。この辺りまで来ると、漁師町とは打って変わって、なにか懐かしさを覚えるような山村の原風景という感じになる。

関口地区は、山田町でもっとも歴史の古い地区であるといわれる。ここに大昔から人が住みついたのは、海のそばは危ないと思われていたからにほかならないと、ある郷土史の研究者が教えてくれた。

「特に、徒歩での移動が主だった時代には、海沿いを歩けば高波にさらわれる危険もあったでしょうし、川も河口のほうになると川幅が広がって、歩いて渡ることもできなくなるので、人々は遠まわりでも山道をたどって移動していたと思います。そして、そこに人の集まる場所ができたのでしょう。関口、関谷という地名は『関所』からとられたのではないか、という説もあります」

震災の年の五月、それは震災からわずか二か月後のことだったが、関口地区の集落にある関口神社の境内では、子どもたちのためにこいのぼりをあげて、餅をつき、被災した人々を元気づけようと、おまつりが催された。

この神社の奥の院は、関口川をさらに上流へさかのぼったところにあって、そこには不動明王が祀られている。

昔はその辺りに修験者の道場があり、北浜の大杉神社に祀られた島の坊も、大槌町のほうから山道をやって来て、この関口にたどり着き、そこの洞窟に暮らしながら修行をしていた修験者ではないか、といわれている。彼はたびたび浜のほうへ出かけていき、そこで人々といさかいの末に殺されてしまった。

時代が下るごとに、関口、関谷地区の人口は増えていくが、もともと平地が少なく、人の住める面積が限られていたので、人々は次第に居住地を海のほうへ向けて、広げていかざるを得なかった。そうして、少し下流の関谷地区へ、そして昔は海だったといわれる北浜町の辺りにも集落ができていった。

つまり、関口川の上流域から分家して移ってきた人々にとっては、これらの地区は血縁でつながっているのである。

やがて、大杉神社が柳沢の山頂から北浜に下りてくると、その鎮守の神様を中心に、浜は栄えていった。そして明治になって、おまつりで神輿を出すようになると、ゆかりのある地区からも郷土芸能を出そう、ということに自然になったのであろう。

東北地方の各地に伝わる剣舞は、大地を踏みしめて悪霊を鎮める修験者の呪法のひとつ「反《へん》閇《ばい》」が元になっているといわれる。邪気を祓うための剣を持って足踏みをする、という所作から生まれた舞踊が、民間の怨霊信仰や義経伝説などと結びついて、各地に広まっていったのだそうだ。

関口地区に伝わる関口剣舞もまた、山田町に伝わる義経の北行伝説に由来を持つといわれている。

平安時代の末期、衣川で敵に襲われ窮地に陥った義経を助けるために、家来たちが剣舞を舞って、敵の目をくらませた。そのとき義経を逃がすことに成功した家来の一人が、北のほうへ流れ、関口に住みついて剣舞を伝えた。そう語り継がれているのである。

東京で、ある山田町の出身者から、私はこんな昔話を聞かせてもらったことがある。

「関口は、お不動様を中心に剣舞をやるところです。あの地区の家の床の間にはたいてい甲冑が置かれていて、剣舞はその甲冑を着て踊る、というのが本来の姿でした。私が子どものころの剣舞は、真剣を持って踊っていて、そばに寄るなというくらいの迫力がありました」

ただ、関口剣舞の由来は、地区では語り継がれるのみであって、文書などの形には残されていないらしい。大杉神社のおまつりには昭和三年から奉納されてきた、といわれているけれども、それより前に集落でどのように踊り継がれてきたのか、ということについてもわからない。

それは人々のあいだに、

「由来というものは、文書には残さないもの」

という不文律があったためだろう、と地区の人は言う。

「だから、今になって若い人たちから、なぜちゃんと由来を残しておいてくれなかったんだ、と言われてしまうんです……」

震災の年の秋まつりで、初めて関口剣舞を見たとき、私はまるで終わりなき持久戦のような踊りだ、と思った。

「エヤコノサッサ、キタサノサ」

と唱えながら、男衆が汗を流し、円をつくっておなじ動きをくり返す。

その円のなかには、あらゆる世代の人たちがいた。おむつもとれていないような小さな子どもが、大人たちの動きを真似ておもちゃの刀を振りまわすのを、隣で踊る小学生が面倒を見てやっている。本番も練習もないような自然な様子が、いかにも土着のおまつり、というふうに見えた。

ちなみに関口剣舞には、独立した保存会がない。地区の自治会が保存会を兼ねていて、自治会長がそのまま保存会の会長も兼ねるので、普段の地区のつき合いが良くも悪くも、そのまま芸能活動に反映されてしまうという。

活動資金の使い道や、町外のイベントへの参加の是非など、ほかの団体のように自由にやるわけにはいかないことも多いようだが、そのかわり、昔からの集落の伝統を受け継いでいくのだという、どこか淡々とした雰囲気を持っている。

秋まつりの一〇日ほど前から始められるという練習を、のぞかせてもらった。

演目は全部で一五あり、場面によって刀、なぎなた、扇子の三つを持ちかえながら踊る。

通　り
で　は
すく入れ
にすく入れ
高館（たかだち）
拝　み

草　刈
庭ならし
中すく入れ
扇　舞
しっとぎ獅子
山の神くずし
納めすく入れ
念　仏
引っ込み

その場にいた人が、説明をしてくれた。

「戦の勝利を、山の神様に祈願するための踊りが『山の神くずし』、部落の人々に報告するのが『扇舞』です。かちどきをあげながら、扇子を持って踊る。『念仏』は、命を落とした戦友を供養するための踊りで、『なみあむだ〜よ（なむあみだぶつ）』と唱えながら、なぎなたを持って踊ります。これは地区の誰かの家で不幸があったときや、先祖が眠るお寺などでも踊られます」

練習は、笛と太鼓にあわせて、ひと通り全部を流していく。見よう見真似で踊りながら覚え

関口剣舞

ていくというのは、ほかの団体とおなじやり方である。笛や太鼓も、やはり楽譜がないために、聞いて、見て、体得していく。

目を引くのは、円のなかにいる、おかめとひょっとこだ。実は、おかめとひょっとこを入れるようになったのは「漁業者のため」という。

「おかめとひょっとこは、おどけ役だけど、神の化身です。漁師の家に呼ばれて踊るときは、『するめも大漁』などと言って扇子と、かつおやするめの飾りをぶらさげた竹竿を持って踊る。漁師にとって、それは縁起の良いことだし、家のなかに神仏が入っていくと喜ばれますから。昔は入れ入れと言われて、酒にごちそうを振るまわれたもんです」

海の神様を祀る大杉神社で念仏剣舞を奉納し、神様の化身を囲んで踊りながら、南無阿弥陀仏を唱える。漁師町では本当に、神と仏が渾然一体となっている。

戦前はもんぺ姿で踊ったこともあるというが、今は白いTシャツとトレパンの上に、布や木材で作った鎧をつけている。静かだが、足にしっかりと体重をかけて大地を踏みしめながら踊るので、わらじはすぐにボロボロになるという。

ベテランが言う。

「子どもが多かった時代には、練習しても、みんなが出られるわけではなくて、大人が上手い子を選抜するので、『いつか出たいな』と思いながら、必死に練習していました。小学五、六年生で出られればいいほうで、中学生になるともう大人とおなじになるので、全員が出られるようになります。でも少子化で、後継者がいなくなってきてしまいました。今はとにかく参加してもらえるならと、ほかの地区からも受け入れています」

関口地区は、津波の届かない地区である。震災の年の秋まつりの開催を客観的に見ていてどう思ったか、聞いてみたかった。すると、

「町が流されてもやろうということになったのは、正直嬉しかった。山田って、まつりに対する町民の気持ちが熱い。山田は、まつりがないと元気が出ないんです」

と、答えてくれた。

浜への距離は、震災体験への距離でもあるだろう。でも、この町ではおまつりが、浜と内陸とをつなぐひとつのきっかけになっているのかもしれない。そんなふうに思われる。

見学のお礼を言って、別れ際に、私は震災前の山田町を知らないんです、と告げると、

「家があるときに、まつりを見せたかった。町ができたら、ぜひまた見にきてください」

と、何度もくり返し言われた。

その言葉には、海辺の集落までを含めて自分たちの地域なんだという一体感がこめられているようで、私は農村に暮らす人々が、浜のおまつりに感じてきたに違いない「非日常」の魅力というものに、改めて思いを馳せてみた。

一七章　山田大神楽

北浜町と関口地区とのあいだにある、関谷地区。その郷土芸能である山田大神楽にゆかりの深い古老に、昔話を聞かせてもらった。

「山田はやづ（湿地帯）が多いから、米を作れる。だから海岸づたいに、昔からたくさん人がいた。山田は、食べるものには困らない。山からも海からも、食べるものが獲れた。関谷は山と海のあいだにあるので、昔から漁師もいた。漁師は漁にも出るし、田んぼもやった。魚も獲るし、食うための米も持っている、そういう人がいちばん強かった。何々様と呼ばれるような家は、財産を持っているところだった。

昔は口減らしで、海のほうへ行くことがあった。家にいたって麦飯食うしかないから、仕事のひとつとして海へ行った。網を引くには人数も要ったし。するめが大漁なら、学校は休みになった。ここは小学三、四年生が竿一本でイカを釣るくらいのところだから、船の出ない日はない。しかし、漁がよくねば、だめだ。漁がさかんないと、おまつりもさかんない。

漁師は太っ腹。気持ちが違う。大きい。三〇年か四〇年前の話だが、ある漁師が一銭もないのに、一人で五〇〇〇万円の船を造ってしまった。そのくらいの心意気がある。漁があれば、すぐに返せる。ひと晩で一〇〇〇万稼げる。今日は獲れなくても、きっといいときがあるからと持ちこたえる。肝っ玉だ。漁師は寄付を出すにも腹が大きいから、まつりのときにはモテたよ。

あのころ、山田はイカだった。どこの家でもイカをのばして、するめを吊るしていた。だから神楽でも、イカのはりぼてを屋台にくっつけたりした。俺が屋台を初めて作ったときは、奇抜すぎて『どこにそんなものある』と言われたが、『ねえのがおまつりだ』って。人がたまげるものを出すのが、おまつりだろうって思ってた」

山田大神楽は明治の初めに、隣の大槌町から伝えられたものだった。

大槌町にはかつて南部藩の代官所が置かれていたので、大神楽など上方の芸能は盛岡の七軒丁（南部藩お抱えの芸能集団）から、まず大槌町へ伝えられたのではないか、といわれている。

古老の祖父は、その大槌町から関谷まで神楽を教えにきた久保弁蔵さんという人の話を、よくしていたという。

「おじいさんが若いころ、弁蔵さんを迎えに行くと、向こうからわらじでやって来たそうだ。足を洗ってもらって、なかへ入れてもてなした。しかし見たことも聞いたこともないようなものを習うので、苦労したと言っていた。そのころ国が豊かになってきて、各地区で芸能を持つようになった。山田大神楽は、俺が物心ついたころには、すでに大杉様に奉納されていた。郷土芸能は、俺はまつりのためにあると思う。神輿につくものであると思う。おじいさんから聞いていたのは、神楽をやるようになる前にも、地区にはほかの手踊りがあったらしい。仮装みたいなことをやったり、相撲甚句をやったりしたらしい」

山田大神楽は戦時中も途切れることなく続けられたので、戦後、八幡町に神楽を教えにいくことになった。それで復活した八幡大神楽は、山田大神楽とすっかり似通ったものになってしまったという話は、すでに書いた。

しかし、このたびの大震災のあと、そのふたつの神楽が歩んだ道のりは、およそ対照的だったといえる。

八幡町という故郷そのものを、津波と火災で失ってしまった八幡大神楽は、震災後むしろそのどん底をバネに、勢いづいていった。

でも山田大神楽では、さまざまなイベントへの参加は一年間自粛しよう、ということになったのだった。

これについて、ある会員が胸の内を語ってくれた。

「若い人たちは『行って、元気を届けたい』と言っていたし、今だからやらなきゃというのも、あったとは思う。だけど、会としては一年は自粛、と。わかるけど、出られない。関谷地区の人間にとっては、被災していないからやれない。被災した人に悪いなという感じがあったから、避難所でも来てほしいと言われたけど、行かなかったんです。家族を亡くしたら、まつりどころじゃないと思う。直接被災していないからこそ、表には出られない。ただ、若い人たちが個人で行くのは許しました」

彼らの苦悩を裏づけるかのような、震災当時のつらい体験談を、私はちょうど関谷地区の辺りで聞いたことがある。

「あの当時、海沿いを走る国道45号より内側に、それと並行した道路があるんですが……そこをたくさんの人たちが歩いていくのが見えました。みんな長靴、マスク、そして帽子を深くかぶって、泣き叫びながら歩いている。マスクと帽子で目だけが出ていて、表情がなくて、なんだか人じゃないみたいで……」

そんな人たちのマスクがとれ、帽子がとれて、少し笑みが出てきたのは、お盆が過ぎてからだったという。顔が見えるようになってから、ようやく少しずつ、みんなの表情が変わってきた。

先の会員が言う。

「そのころできることは、手を合わせるだけでした。最初はなんにもないところで、思いだけで手を合わせていたが、お盆からは、お寺やお墓の前で手を合わせられるようになった。人は、なにか役割ができることで前へ進めるのかもしれない。そして、そういう気持ちになってからでないと、芸能はやってはいけないんじゃないか。

若い人たちも、つらかったと思う。自粛の方針に対して『わかる』、『間違っている』、それぞれに思っていただろう。答えはない。ただ、家族を亡くして、家もないようなところで、おまつりを見られるだろうか。そうなったら、俺なら『まつりはいらない』って思う。被災していないから、簡単な言葉は出せない。行動も」

ただ、震災の年の秋まつりだけは、山田大神楽として出ていくことになった。なぜか。

「三役だから。あのときは、大杉様の神輿の壊れたのも神社の境内に置かれていたし、三役だから出た。三役というのが、我々にとっては大きいんです」

大杉神社の神輿のゆく先を清めるのが、三役に選ばれた山田大神楽の役割である。神輿が出ているのに、俺たちが出ないわけにはいかない、そういう葛藤があったのだった。

山田大神楽もかつては関口剣舞のように、地区の人々が「講中」という名のもとにやっていた、地区のなかだけの芸能活動であったという。だから今でも、「関谷の神楽」と呼ぶほうが馴染みがある、という人も少なくない。

でも、おなじ地区に住んでいても、神楽を好きな人もいれば、そうでない人もいる。若い人の意見を聞く年輩者もいれば、聞かない人もいる。地区のなかだけでやっていくことに限界が見えて、危うくすたれそうになったとき、いっそ本当に神楽を好きな人だけで集まって、みんなが互いに意見を言えるような場をつくろうと、保存会がつくられた。そして、

「ここが山田町山田という地名だから、山田大神楽という名前にした」

山田大神楽の屋台

のだそうである。関谷地区とはいわれていても、「関谷」という住所はないそうだ。

山田大神楽には、小学一年生から参加できる。最初は、赤い半てんを着て、ささおどりに出る。五、六年生くらいになると、おかめ、ひょっとこ、ささらの役をつけられる。中学生になると獅子頭をかぶれるようになり、高校生になると本格的に舞いの練習が始まる。

しかし昔は、子どもは頭《かしら》にはさわれなかったという。

「それが、だんだん後継者づくりに必要だからと、さわらせるようになりました。まつりのときに頭《かしら》をかぶって神輿行列について歩くだけでも、子どもたちは夢を持って成長していけるのではないか、そう考えるようになったんです。みんなに頭《かしら》をさわらせて、夢を持たせてあげないと、あとに続く人がいなくなってしまうのではないか、と」

ちなみに、八幡大神楽でもそうだが、獅子頭のなかには桐の横棒が入っていて、頭《かしら》をかぶる人はこれをしっかりと口にくわえ、自分の頭に固定して踊る。

でも、前の人が嚙みしめた棒を嚙むなんて……抵抗はないのでしょうか、と聞いてみると、

「昔は、酒のにおいがしたりしてね。大人は飲んで踊ったから。でも、やりたい子どもは、それを超えているんですよ」

以前はひとつしかなかった頭《かしら》は少しずつ増えて、今は四つになっている。イベントに呼ばれると、会場のスペースに合わせて頭《かしら》の数を変えたりするらしい。

「きちっとしたやり方でやってきた人たちから見れば、今はなんだとなるかもしれないが、芸

は芸で大事だが、今は今というのも大事だと思う。いろいろ変えながら、くずしちゃいけないところと、変えていかざるを得ないところがあって、これをくり返してきたのが今なんじゃないか。昔は太鼓の叩き方ひとつとっても、昔と違う、と言われたりしたんです。もちろん基本通りを習わなきゃというのもあるが、後継者づくりを思えば、中学生にも頭《かしら》をさわらせたい。先輩としては形を守りたいし、許せないこともある。でも、厳しいだけではまつりにならないから、許せるところは、許さないと」

どの団体でも、抱えている課題は似通っている。ついてくる人だけに教えればいい、という時代ではなくなった。黙っていても人がたくさん入ってきて、地区の子どもしか受け入れないというのはもう昔の話で、存続のためには地区の外へ、あるいは町の外へと門を広げていかざるを得なくなったのである。そもそも、人が入ってこなければ、踊りそのものができなくなってしまう。

昔ながらを守り続けたい、踊りは神社の奉納だけでいいじゃないかというこだわりを捨て切れない一方で、長い目で見たら、これからはもっと外へＰＲしていかなければ、という焦りもあって、会員たちは今そのジレンマに揺れている。

ただ郷土芸能には、今も昔もきっと変わらないのだろうと思わされるような面もある。ある会員は、こう話してくれた。

「地区にある芸能によって、子どもたちは親じゃない人に育てられる。参加人数は少なくなってきてはいるが、子どもたちが、次は太鼓をやりたい、笛をやりたい、頭《かしら》をかぶりたいと思いながら成長していくのは、地区を守ろうという意識や、大杉神社の三役なんだという自覚が芽生えることでもあるんです」

台風に直撃された、前回の大杉神社のおまつり。激しい雨と、震えるような寒さのなかで、すべての団体が踊りの奉納をやりきった、そのときの裏話を聞かせてもらった。

あのとき、あまりにも雨風がひどくなってきたので、山田大神楽では子どもたちを待機させ、大人たちだけで出ていこうということになった。

ところが、「子どもを出してあげたい」と、親たちが強く会長に訴えてきたのだった。

台風のさなかである。会長は、こちらにも責任があるからと、なかなか首を縦に振れなかったが、親たちは、

「私たちが、責任を持つから」

と言って、一歩も引かなかったという。

当日をふり返って、会長が言う。

「その思いがすごかった。学校の行事なら、雨のなかやれって言われたって、やんねえだろう。子どもを出したら、なぜやらせた、となるだろう。それが親と子がおなじ気持ちになるというのは、まつりには本当に不思議な力があると思います」

冒頭の古老の話では、昔は、おまつりの日には関谷地区から北浜町まで、道路わきに松明が

置かれたという。

内陸の集落から海辺まで続く、松明に灯される一本の道。関口、関谷から北浜まで、これらの地区はやはり物心ともに、おまつりでつながってきたのである。

一八章　八幡町

二〇一四年、三月。

八幡大神楽の新しい屋台が完成し、八幡町の仮設の宿《やど》に届けられた。

高さが三メートルもある、立派な屋根のついたその大きな屋台は、大槌町の職人の手によって作られたものだという。

「屋根が二重になっているのは、上閉伊《へい》スタイル」

と、教えてもらった。

大槌町は山田町の隣にある町だが、上閉伊郡に属し、山田町は下閉伊郡に属している。文化圏が違うらしい。

町の人がよく、

「ふたつの町のあいだには、目に見えないラインが引かれている」

と言うのだが、生活圏として見ても、山田町民はどちらかというと北の宮古のほうを向いて

いて、大槌町民は南の釜石のほうを向いているそうで、それは、

「やっぱり、四十八坂が大きい」

と、人々は言う。四十八坂とは、ふたつの町のあいだにある峠のことで、つまり地形が、文化や生活圏を自然に分けてきたのである。

それゆえかどうか、これまで双方の町の人々が手を組んで一緒になにかをしようという機会はあまりなかったそうだが、震災の年に盛岡の桜山神社で催された復興祈願祭の会場で、八幡大神楽と大槌町の城山虎舞のメンバーが意気投合してからは、少し大げさに言えば、郡境を越えた交流が始まった。そして、このたび八幡大神楽の新しい屋台を大槌町の職人に作ってもらおう、という話になったのだった。

屋台は、岩手県の郷土芸能復興支援事業の助成金を受けて、作られた。役場の関係者によれば、岩手県がそのような事業に乗り出したのも、沿岸の人々からの、

「やっぱり、まつりがないと！」

という声が、大きかったからだという。

被災した郷土芸能の団体に一律に送られることになった助成金を、念願の「宿」の復旧にあてようと考える団体もあったが、八幡大神楽では、

「今、八幡町に宿をつくっても、しばらくすればかさあげ工事が始まってしまう。そうかといって、八幡町以外の場所には宿をつくりたくない。しかし、八幡町に宿をつくるまで待ってい

たら、お金が飲み代に消えちゃうかもしれない。だから今すぐ形にしよう、ということになった。それで、以前から大槌のおまつりに出るような立派な屋台が欲しいね、という話をしていたから、この機会にとなったんです」

会員が、そう冗談まじりに話してくれたが、かなり派手なものを作ったので、陰では批判の声もあがったようだった。

「震災前にはなかったものを、あんなにお金をかけて作るなんて」

でも、ここではとりあえず八幡大神楽の目線で、この大きな屋台の誕生物語を見守ってみることにしよう。

完成の翌月に、お披露目会が開かれた。

この日もおまつりのときのように、身だしなみを整えて、揃いの半てんを着た会員たちが、八幡宮でおこなわれた新築の屋台のための魂入れの神事に参加した。

会員が、教えてくれた。

「神事をして魂を入れないと、屋台はただの建築物なんです。獅子頭を作ったときも、魂入れの神事をしました。それをしないと、頭《かしら》もただの彫り物だからです。およそまつりに関わるすべてのものは、そうやって神様に関わりながらやっています」

神事がすむと、彼らは屋台の試運転に、町へとくり出していった。

屋台につけられた太い綱を、みんなで声をかけ合いながら慎重に引っぱって、境内の坂道を下りていく。そのままの高さでは鳥居をくぐれないので、屋根の上に一人乗って、てっぺんの鯱とあんどんをはずしたが、それでもまだぎりぎりの高さなので、ゆっくり、ゆっくりと鳥居の下をくぐり抜けていく。

そして、無事に通過したら、また鯱とあんどんをつける。ずいぶん手間のかかる作業だが、それを楽しもうとしている会員たちの、笑顔が見える。

それから、新しい屋台はのんびりと町内を練り歩いた。復興へ向けて工事はスタートしたものの、町の面影などまだまったくない、相変わらずの風景のなかを。

この日まで、実は私も半信半疑だった。やっぱり、やり過ぎじゃないのか、と。それくらい立派な屋台である。

でも、みんなが晴れ晴れとした顔で、まぶしそうに屋台を見あげる様子や、綱を引くときの浮き浮きとした感じを見ていたら、

「この大きな屋台も、いずれおまつりの新しい風物詩になるかもしれないな」

と、思われてきた。

思い切って、新しいことをやった。初めは反感を買っても、それはだんだんと、おまつりのなかに組みこまれていくのではないだろうか。

「やったもん勝ちだ」

という、彼らの力強い声が、聞こえてきそうなのである。

そのあと、公民館で催された祝賀会では、

「おまつり馬鹿がいるからこそ、楽しいまつりができる。まつりを続けていれば、町から出ていった人が帰ってくるきっかけにも、なるんじゃないか」

「昔の古い伝統を守っているだけでは、おまつりは続けていかれない」

という声が、参加者からあがった。

そして、舞台の上で披露された神楽では、震災の年にささらの役をやっていた子が、獅子頭をかぶって踊っていた。時は、確実に流れている。親たちは、こうして子どもたちの成長を見るのだろう。

その夜は、八幡大神楽の宿で、にぎやかな宴会になった。

お祝いに駆けつけた大槌町の城山虎舞、そして八幡大神楽の順に、すし詰めの部屋の入口を開け放って、踊りが披露される。

酔った勢いの出し物だから、城山虎舞の太鼓の叩き手がいないぞという声に、たまたまそこにいた境田虎舞の会員が応えて、太鼓を引き受ける。

みんな普段着のまま頭《かしら》をかぶり、幕をまとい、でもその芸は実に素晴らしかった。ベテランは酔ってこそ、決めるところはびしっと決めて、八幡大神楽の幕についたトレードマークの牡丹の花を見事に咲かせていた。

割り箸を持って踊り出すのは、これもお祝いに駆けつけた、ごきげんな八木節の会員。今夜

八幡大神楽の大屋台

はまったく無礼講である、というように、みんながお祝い気分に浮かれて、いよいよ良い感じになってきたとき、私の隣に座っていた八幡大神楽の会員が、こんな話をしてくれた。

「新しい屋台の、屋根の上についているあんどんには、四つの面があるでしょ。あそこに『大漁満作』、『天下泰平』、『五穀豊穣』と書いて、あと残りの一面になにを入れようかとなったとき、『八幡町』にしようと思いついたんです。あんどんに入れるのは、願いごとでしょう。ならば、八幡町こそが、俺たちの願いだから。なんとしても、八幡町という名を残したい。あの屋台にのっている神様は、俺は個人的には『意地』の神様なんだ、と思っているんです。俺たちの気持ちが、そこにのっかる。それは八幡町を残したい、という意地なんです」

私は正直、ずっと不思議だった。大災害に遭った土地に、彼らはなぜそこまでこだわって、また住もうとするのか。

ほかの土地への移転を決意した人もいるし、できることなら高台にだけ人が住んでいたという、縄文時代のような土地利用をもう一度見直すべきだ、という声もある。

しかし、一方で、

「海を恨んでない。海が全部持っていっちゃったけど、できることなら、またここに住みたいと思う」

という声も、少なからずこの町で聞いてきた。

ここには、流されても、流されても、またここでやっていきたいと思う人たちがいて、その気持ちが、この土地の文化の、少なくとも一部分をつくってきたのではないだろうか。

彼らの言葉や、震災後にとった行動はすべて、この土地への愛着をもとにしていて、それがおまつりの原動力にもなっている。

だから、大屋台という新参者も、きっと町民に受け入れられていくはずだ。最初は「やり過ぎだ」と言われた境田虎舞のトラックの大山車や、「奇抜過ぎだ」と言われた山田大神楽のはりぼてのついた屋台のように。

八幡大神楽の会員は言う。

「明治より前のことは、大津波が流してしまった。今回も、また昔のことが流された。沿岸の歴史って、そういうものだ。なかったことになる。なかったことにできる。そして、またやれる。それが沿岸部なんですよ」

山田町は復興計画をつくるときに、現在の「山田町」を一か所に集約するのではなくて、昔からあった各地区を集約しつつ残すことを前提とした。山田町内を分けている各「地区」は、明治や昭和の町村合併より前にはそれぞれ村だったところであり、独自に生産活動が営まれ、おまつりが催されてきたのである。

私は、計画づくりにたずさわった人々から、こんな話を聞かせてもらった。

「コンパクトシティというけれど、町全体を一か所に集約することは、最初から考えられなかった。三陸はリアス式に地形が入り組んでいるので、各浦々に漁港がなければ生産活動はできない。漁業集落とはそもそも点在しているものなのであって、過疎はむしろ、この地域の特徴なんです。人口の下げ止まりは、必ずあると思う。豊かな海があって、これを糧にする限り、人口がゼロになることはあり得ない。だから各地区を残すというのは、あたり前のことで、もともとあった集落をなくしてしまおうという考えは、どこの市町村にもないと思います」

「三陸は今まで、なにで食ってきたか。たしかに漁業者は町の人口の数パーセントしかいないが、水産加工などの産業は、海からの収穫物にのっかって成立してきたんです。ベースになっているのは漁業だ。魚を獲る人が要る。それによって商業も成り立っているし、人も集まってくる。第一次産業なくしては第二、第三もない、というのはそういうことです。衣食住というけれど、人は衣と住は我慢できても、食は絶対に我慢できない。だから第一次産業はなくならない。生産する海がある以上、人はここに住み続ける。漁村集落の維持は絶対であり、各地区を復興させます」

ふり返って、八幡町や北浜町というのは、山田町内を分ける各地区のひとつである「山田地区」の、さらにそのなかにある小さなエリアのことである。いわばローカルのなかの、ローカルな話なのである。

けれども、人の心の内に灯る火は、まずそんなところからつき始めるのかもしれない。

一九章　愛宕青年会八木節

にぎやかな前奏のあと、

「チョイサット！」

という威勢の良い合いの手が入り、楽しい歌詞が続く。

ああ　らっきょうらっきょう生らっきょう
ああ　むいてもむいても皮ばかり
ああ　スタコラサッサ　ヨイサッサ
ああ　のんきだのんきだのんきだね
ああ　のんきな商売やめられない
ああ　やめたらマンマの食いあげだ
ああ　スタコラサッサ　ヨイサッサ

ああ　スッチョイスッチョイスッチョイナ
ああ　スッチョイ　バケツは十三銭
ああ　安いと思ったら底抜けだ
ああ　高いと思ったらおやめなさい
……

いわゆる全国的に有名な「八木節」の発祥は、栃木県の八木宿とも、群馬県の木崎宿ともいわれているが、それが山田町に伝えられたのは果たして江戸時代か、明治時代かと諸説あるものの、確たることはわからないそうである。

定説になっているのは、昔、台風から逃れるために山田湾に停泊した船のなかに、八木節を知る乗組員がいて、彼らがしばらくこの町に滞在するあいだに、町の人々に伝えられたのだろうというものである。

昨年の台風の折りに、港に入っていたカツオ船の上で八木節が踊られていたのは、まさにそんな由来を思い起こさせるような風景だった。船は、毎年おなじ季節に湾に入ってくるので、顔なじみになる船主もいるという。

愛宕青年会とは、文字通り愛宕地区のために活動する青年会のことで、会員によると、「少なくとも今から六〇年前には、すでに青年会によって、八木節が地域の踊りとして定着していたことは間違いないと思いますが、詳しい歴史については誰もはっきりと知らないし、伝えられていません」

という。

愛宕地区は、かつて「寺小路」と呼ばれていた、お寺の集まる地区を含むエリアをいうのだが、そこに「愛宕」という地名はないそうだ。ただ愛宕山という山があって、水源地として祀られていたらしいという話を、かろうじて町の人から聞くことができた。

愛宕青年会による八木節が、いつから山田祭に参加するようになったかについては、これも確たる資料がないが、昔は寺小路にある龍昌寺で集合してから、おまつりへくり出していくという習慣があったらしい。

色とりどりの浴衣の上に半てんを羽織り、番傘や花笠を持って大勢が揃って華やかに踊るので、イベント会場を盛りあげると重宝され、中学生や高校生にとても人気がある。

若手の会員が言うには、

「山田祭に参加する郷土芸能のなかでは、もっともくだけた団体だと思います」

というのも八木節は、八幡宮と大杉神社のどちらの三役にもなっていない、唯一の団体なのである。

「でも、役についていなくても、神様をはやすんだ、盛りたてるんだという気持ちに変わりはありません。どちらの神社のおまつりの日も、うちらが神輿行列の最後を飾りたい、と思っているし、やっぱりイベントに呼ばれるのと、まつりとでは気分は全然違います。おまつりのときには、『うちらのまつりだ』という気持ちがあります」

毎年、お盆が過ぎるころから、おまつりに向けて練習が始まるが、人数がいればいるほど華やかになってよいということから、踊り手の人選をすることはないという。

「出たいと言う人には、みんな出てもらう。練習は厳しくやりますが、まつりの三日間だけは、大人は怒らないと決めてあります。あれだけ厳しい練習をしても、本番になると、みんなすごく良い笑顔になる。それを見て、楽しそうと惹きつけられてくる子もいるんです」

八木節のモットーは「楽しくやる」ということだと、若い会員たちは口を揃えて言う。それにはまず、踊っている子どもたちを楽しませようと考える。

「子どもが楽しければ、見ているほうも楽しくなる。楽しんでいる子どもを見ると、まわりもほっこりしてくる。それには笑顔と、声を出すってことが大事です。踊りの上手い下手は、それぞれが持っているセンスだが、モットーは楽しむこと。それには、騒ぐのがいちばんいい。騒いで、跳ねて、飛んで、形よりも気分を盛りあげるほうが大事なんです」

唄はあらかじめ録音されているものを流すが、いつか、おまつりの最中に機械の不具合でテープが途中で止まってしまったことがあった。そんなとき、彼らはハプニングがあるほうがかえってテンションがあがるとでもいったように、一層はりきって声を出し、なかには喉がつぶれるんじゃないかと思うほど大きな声をしぼり出して、すでにやぶれた傘をこれでもかと振りまわし、唄が終わってもなお陶酔したように踊り続ける人もいて、おまつり馬鹿とはよく言ったものだなあと、私は妙に感心してしまった。

そんな、全員の息の合った演出は、門打ちのときにも生かされる。若者たちが、実に楽しそうに話してくれた。

「酒屋の前で大人が『ビールも大漁』って言えば、後ろで踊ってる子たちが『焼酎も大漁』って受ける。スタンドでは『ハイオク大漁』に『灯油も大漁』、八百屋では『にんじん大漁』に『かぼちゃも大漁』とかね。その場で変えて、楽しむんです。機転をきかせて。

でも子どものころは、純粋に楽しかったんだけど、大人になると楽しいというよりも、まずやり遂げなければという使命感に変わる。楽しむより、楽しませるほうにまわる。自分よりも子どもたちの気持ちのほうが、大切になってくる。学生たちもずっと出続ければ、俺たちとおなじ気持ちになってきます。どうやって楽しませるか。おまつりが終わったときから、来年はどうしようかって考え始める。うちらの頭のなかのカレンダーは、九月が始まりになっているんです。新しいカレンダーを手に入れると、まず九月を見ちゃう。来年のまつりは何日だろうって。この町の人はみんな、盆と正月に帰らなくても、まつりには帰ってくるんだから。

震災前は、九月になればもう、まつり一色でした。仕事も手につかなくなるくらい。土日に宿《やど》に行けば、必ずそこに誰かいる。そのままそこで、夜まで飲んで、ドキドキワクワク、遠足の前日のような気分が九月に入るとずうっと続く。でも、それも宿があって、集まれる場所があったからこそですが……」

宿は、震災で失われてしまった。

震災の年の六月に、盛岡の桜山神社で開催された復興祈願祭に出るために、彼らは流された衣装をみんなで探し集め、手分けして洗い、失った道具を協力して買い揃えた。

「なにもなくなった状態で、食べるものもままならない、日当とれるかもわからないのに、服を買いに行った店で浴衣を買ってしまいました。それをあとで仲間と集まったときに話したら、実は俺もとみんなが言うので、大笑いになった」

復興祈願祭の当日は、山田町から一緒に参加した八幡大神楽がまず先に踊ったが、八木節の会員たちは、そのおはやしを聞いただけで涙がこぼれてきたという。

「自分たちの番が来る前に、泣いていた。やっぱり山田祭が全国でいちばんいいおまつりだ、と思っています。山田祭がいちばんだ、と」

若手の一人が、きっぱりとこう言う。

「好きだからこそ、やれる。好きじゃなかったら、震災後はやってない。おまつりがなかったら、自分はこの町にはいないと思います。もっと仕事のある、給料の高い仕事のある町へ移っていると思います」

粋なお兄さん、お姉さんたちが傘をまわして格好良く踊る後ろで、中学生や高校生が花笠を持って元気よく飛び跳ねる。今ではそういう絵がすっかりおなじみの八木節も、ベテランの会

愛宕青年会八木節

員によると、昔は男だけの踊りであったという。

「男がピンク色の襦袢を着て、踊る。それは年に一度、男が女装できるチャンスでもあったんです」

襦袢の後ろをピンで留め、膝にかからないくらい丈を短くして、切れのよい足さばきで激しく踊る姿は、とても艶っぽかった。しかも三〇年くらい前までは、番傘を持って踊れるのは二人だけと、決められていたそうである。

「番傘は、今は誰でも自由に店で買ってくるけど、昔は宿になっている家から出されるふたつの番傘以外を使うことは、許されませんでした。二人しかできない、しかもその二人は列の先頭をきって踊るので、それは花形中の花形だったんです。当時は同級生の女の子たちが、自分の好きな郷土芸能の団体や、あこがれの先輩にくっついて歩いたから、道はすごく混んでいた。ギャラリーが多いと、みんな張り切るんですよ。自分に自信持って、張り切るんだ。だからみんな出たいんです。見ているよりも、出たい。出て、女の子にモテたい」

しかし、そのうち、

「見ているだけじゃ、いや。私も出たい」

という女性が現れた。

「どうしても出たい」

と、とうとう踊りに加わるようになり、それから次第に女性の参加も認められるようになっていく。

そうして、番傘を振りまわして踊るようになった女性たちが、やがて親になり、今度は自分の子どもたちに小さな傘を持たせて参加させる。そうやってだんだんと変化してきた八木節は、どんどん人気を得て、会員数を増やしていった。

「地域で守っていた時代には、一線が引かれていた。でも八木節は、あまり伝統にこだわらない団体なんです。こうしなきゃ、というのがないから、変化してこられたんだと思う。ただ人数が増えても、ご祝儀をもらえる家が増えるわけではないので、資金不足はあるのですが」

ベテランが苦笑いするのを見て、私はもう少しつっこんだ質問をしてみたくなった。震災の年の秋まつり、私は八木節を見られなかった。でも、あのとき、どんな気持ちで踊ったのか。

「やれる、という喜びがありました。八木節は普段あまり信仰を意識しない団体ですが、あの年だけは、やはり境内にあがって踊らなければと思いましたね。震災を機に、改めてまつりの良さを思うようになったというのはあります。いつでもできる、と思っていたものが、一瞬にしてなくなってしまった。宿も、家も、なくなってしまった。でもやっぱり、まつりの時期になると、やりたいと思う。それが、やれる。日常が日常でなくなったときに、まつりをやれる。つまり、震災後の非日常のなかで、今までのおまつりをやれるんだという喜びがあったんです」

おまつりは本来、日常のなかの非日常であるはずだった。ところが、震災によって日常生活そのものが非日常になってしまったとき、おまつりが彼らに懐かしい「日常」を思い出させてくれたのである。

二〇一三年の秋まつりが終わって、大杉神社の神輿が修理に出されたころから、おまつり好きの町民のあいだでは二〇一四年の秋に向けて、「山田祭の完全復活」という言葉が使われるようになった。

八木節の若い会員たちは、言う。

「やっぱり、黒い屋根を見ないと」

そう。八幡宮の神輿の屋根は黄金色だが、大杉神社の神輿の屋根は黒なのである。どちらの役にもつかず、いつも少し離れたところから神輿行列を眺めている、八木節ならではの言葉だった。

彼らはおまつりの両日とも、神輿からは常に遠いポジションにいるのだが、いつも十分に楽しそうにしている。

八幡宮のおまつりの日に、いよいよ神輿が神社におさまろうというときに、自分たちの次の目的地に向かって小走りに寺小路の闇のなかに消えていった、その姿は印象深い。

「矢野さんも、八木節の半てんを着て歩いてみたら、まったく違うおまつりを体験できるはずですよ」

そうかもしれない。

山田祭は神輿中心のおまつりだが、それぞれの団体が自分のポジションをわきまえて、目いっぱいおまつりを楽しんでいる。神輿行列の先頭は先頭で、しんがりはしんがりで、それぞれに自分たちの楽しみ方を持っている。そして誰もが、自分たちこそいちばんだ、と思っている。それが、すごい。

こんなにみんなバラバラなのに、最後にはなんとなくひとつにまとまってしまう。それを町民性だと言う人もいるが、なんだかとても不思議である。

二〇章　まつりの庭

山田町に行ったことのない友人が、こんなことを言った。

「リアス式の、入り組んだ地形のところに港はつくられる。穏やかだから。波の荒い外海に面しては、集落はつくれない。神社というのは、そこで人々が生活できるようになったことの証だと思う。だから、そこに祀られた神様を詣でられるというのは意味深いことなんだ。神社は、そこに暮らしていこうとする人々の心のよりどころだ。人は、一度土地に根づくと、なかなか離れられないものなんだ。しかし、海で生活してきた人たちが、海にやられてしまうって、どんな気持ちだろうと思ってしまうぜ」

私が何年もかけて取材を重ねても、思い至ることのできなかった境地を聞かされたようで、私は人の感性というものにつくづく驚かされた。

三陸の歴史をひもとけば、津波はこれまでもくり返し、人々の生産活動の基盤を襲ってきた。そうして自然の恵みも、自然の恐ろしさも日々肌で感じてきただろう漁師たちは、浜で生きるために神仏に祈り続けた。人が食べていくということは、こんなにも命がけだったのである。

このたびの大震災からの復興計画をつくる上で、いちばん苦労したことはなんですか、という私の問いに、ある関係者が次のように答えてくれた。

「産業の復旧が重要であることはわかっていても、復興のビジョンをつくるときに、どれから、どういうふうに手をつけていったらいいのか、誰にもわからなかったんです。漁業、水産加工、流通の三つが回復して、初めて町になりわいが戻るのですが、真っ先になにをしなければならないかが、わからなかった。船がない、といっても船を造るところも、修理するところもなくなっていた。養殖用の筏を早く作りたくても、木材をどこから調達するのか。海産物が揚がっても、どこで加工するのか。氷がないと、流通に乗せることもできない。流通が戻らなければ、その先の小売につながっていかない。

漁業って、特殊な産業だと思います。内陸の農業との違いは、農産物は農協に出荷したら終わりですが、漁業は市場に出荷して終わりではない、ということです。漁業を成り立たせるためには、まわりの条件が復活しなければならなかった。船があって魚を獲れても、それをさばいて、あるいは加工して小売につなげられなければ、なりわいにならない。漁業は、そこからさまざまに仕事が派生していくものなんです。だから漁村には、水産加工場、そこで使う部品を扱う町工場、運送会社、造船所などがあって、方々から人が働きに来る。そのもつれた糸を、どこからほどいていったらよいのか、誰にもわからなかったんです」

二〇一四年、秋。

震災から三年半がたち、復興計画にもとづいてつくられる新しい町のイメージが町民に示され て、盛土の工事も始まり、復興へ向けてやっと一歩動き出したと感じられるような風景が見えてきたころ、いよいよ「完全復活」を期待されるおまつりも近づいてきた。

おまつりの一週間前。

八幡宮をのぞきに行くと、境内にある漁船団のこもり小屋で、注連縄づくりが始まっていた。注連縄は、毎年おまつりの前に化粧直しをされる。一年置いて、汚れて日焼けしたものを、おまつりの前にはずして、新しいさらしを巻く。そして、縄の先端を柱にまわし固定して、四人がかりで縒《よ》っていく。それはずっと見ていても、あきない作業風景だった。

作業をしていた氏子の一人が、

「この作業だけで、一週間くらいかかる。人が少ないし、年寄りばかりだし」

と、こぼすと、もう一人が私に、

「おまつりは、準備から見なくっちゃ。お母ちゃんたちがお煮しめの材料を買いに行くところから、くっついてって取材しなくちゃ」

と、声をかけてくれる。すると、さっきこぼした人が、その人を指さして、

「神事のときに頭を下げる角度で、信仰心がわかるんだよ。俺はせいぜい四五度だが、この人

は九〇度まで下げるからね」

　と言って、笑った。

　神社の参道を下りていくと、今度はそこに震災前は自宅があった、というおばあさんが、昔話を聞かせてくれた。

「震災前までは、宵宮の夜に神社に泊まる人たちには、うちで晩ご飯食べてもらって、お風呂にも入ってもらったんですよ。翌朝は、その人たちの朝ご飯こしらえて、神社に持って上がりました。おまつりのあいだは誰でも家に入ってきて、ご飯食べて、食べ終わるとみんななにも言わずに出ていく、というふうで、それくらい気がねしなかった。今年もやっぱり、あなたんとこのお赤飯食べたいって言ってくれる人もいるけど、仮設で作ってここまで運んでこなきゃならないし、せまいガス台に大鍋ふたつかけるのも大変でね」

　そして、おまつりの日に各家庭でする支度について、教えてくれた。

　家の玄関の前に、白い布をかけたテーブルを置いて、神輿を待つ。

　テーブルの上には、三つ重ねの餅をのせた三方《さんぽう》（神仏に供えるものをのせる白木の台）、ろうそく、花、お酒、ご祝儀を入れた袋、そして塩を三角に盛った白い皿。

「塩は、袋から出すときに手を触れないよう、一気にサーッと盛らなければならないんです」

　お酒とご祝儀は、神輿行列に差し出す。神輿につくお塩まきは、この各家庭で用意されたきれいな塩で、お盆のなかの塩を補充しながら先へ進むことができる。

「神輿行列は、神輿と郷土芸能がすべてではない」

と、誰かが言っていた。町の人々に信仰心がなければ、成り立たないのである。

おばあさんは、私がなにも聞かないのに、こんなことも言った。

「震災後、みんなの気持ちが濃くなった気がします。気持ちに厚みが出てきた。少しのことでも心に感じ、思い合えるようになった。この景色も見慣れたし、家なんか建てなくて、このままでもいいよねなんて、言い合ったりするんですよ」


おまつり前日の九月十二日。

再び八幡宮へ行ってみると、正面の鳥居の前に幟が立てられて、清涼感のある真っ白な注連縄が目に飛びこんできた。

参道から境内の端のほうまで、ずらりと几帳面に吊り下げられたちょうちんは、夜になれば明かりがついて、幻想的な雰囲気をかもし出すのだろう。手水鉢の屋根も、きれいに塗りかえられている。

境内では、高いところにはりめぐらされた縄に大漁旗をかけたり、鳥居に青竹をくりつけたりと、氏子たちが忙しく動きまわっていた。

すみずみまで目がゆき届き、心が配られる。そのことが、本当はおまつりにおいて、いちばん大切なことではないか……。

私はふと、震災の年に秋まつりで見た、八幡大神楽の青年の姿を思い出した。見事に、指の先まで神経のゆき届いた踊り。普段、目上の人に頭を下げるのとは違う、形のないものに敬意をはらう姿。それは、おまつりの準備に専念する氏子たちの気持ちを、はからずも体現していたのではないだろうか。

「非日常を、きちんとやる。そういう文化があるというのは、すごいことだと思います」

一緒に秋まつりを見た盛岡の知り合いがそう言って、しきりに感心していた。

時代が新しくなってもなお、この町の人たちは、それを手放さないで持っていた。意識はしていないかもしれないが、大切にしていた。震災前も、後も、変わらずに。

上品な薄化粧をほどこされたように、あらたまって見える神社を前に、私はなんだかとてもすがすがしい気分になった。

九月十三日。おまつり初日。八幡宮の宵宮祭の日。

震災後、初めてふたつの神輿が揃うおまつりが、いよいよ始まる。

朝、八幡宮の境内では、大太鼓の練習がおこなわれていた。

大太鼓は、神輿行列の先頭で「今からお神輿が来ますよ」とふれて歩く役で、小学六年生までの子どもが叩くことになっている。ただ、ポジションが神輿から遠いので、やりたいという子どもはあまりいないらしい。

練習は、おまつりの直前にたった一、二時間やるだけ。でもドンドン叩いているうちに、子どもたちは拍子を覚えてしまう。

「ゆっくり、叩くの。歩いていると疲れてきて、叩くのが速くなっちゃう。だから、ゆっくり叩く練習をしとかなきゃいけないよ」

そう教える声が聞こえる。

神社の下の八幡町一帯は、かさあげ工事が始まって、少し前から大きな更地になっている。山田町の中心部にあたるこの一帯が、実は軟弱な地盤の上にあったことは、この震災後に町民が再認識しなければならなかった難題のひとつだった。識者によれば、

「豆腐の上に、家が建っているようなものです。八幡宮の下に津波の碑があるけれど、昔はその下まで津波が来ていたらしい。本来なら、家を建ててはいけない場所といえるのだが、明治や昭和の大津波があっても、高台へ移転するとなると、限られた土地にみんなが散らばってしまうから、これを嫌い、また漁師町だから、海から離れることも考えられなかったのでしょう」

復興計画では、この辺りに家を建てるためには四メートル近くのかさあげをしなければならないことになっているが、やわらかい土地に土を盛っても、いずれ土の重さで沈んでしまうので、上からさらにまた土を盛るという作業をくり返し、圧密沈下させて強固な地盤をつくらなければならない。しかし、四メートル分ものかさ上げを実現させるには、まだ何年もかかると

いう。

町では、この九月のおまつりまでに急ぎ一メートルの土を盛り終えて、その上に「おまつり広場」を出現させようということになった。

「おまつり広場」とは、商工会が秋まつりにあわせて、平成十二年から毎年開催してきたイベント会場のことである。震災前は、陸中山田駅近くの空き地に出店を並べ、ステージを作って郷土芸能を披露したり、歌手や芸能人を呼んだりした。神輿もこの広場へ入ってきて、ひとあばれして見せ場をつくるのが恒例だった。

それは、海で魚が獲れなくなって漁船団に元気がなくなってきたころ、

「山田町の素晴らしいまつりを、もっと知らしめたい。外からも見にきてほしい」

と、願った商工会の青年部が企画をし、実現させたものだった。

当時の関係者に話を聞くと、

「始めた当初は、賛否両論。いろいろ嫌なことも言われたし、山田の人間はみんなアクが強いから大変だったけど、楽しいまつりにしたいというところだけは一緒だから、最後にはまとまった。というより、山田はまつりでないと、まとまらない」

今、かさあげ工事の途中で、三日間限りの大々的な「おまつり広場」を町のなかに出現させる。それもまた、おまつり好きの人々がいる町ならではの、ダイナミックな出来事なのかもしれない。

宵宮祭。

夕闇迫る境内で、照明がつけられた八幡大神楽の、新しい屋台の存在感がすごい。脇に、「祝・大杉神社」の旗を立てている。

今宵も彼らは鳥居をくぐるために、屋根の上の鯱とあんどんをはずし、注連縄を持ちあげて、ゆっくりゆっくりと慎重に、そしてみんなで太い綱を持って、急坂を引っぱりあげていった。

その様子を見て、

「まるで綱引きだな」

「でも、前よりコツをつかんできたね」

と、見物人が笑っている。

町のあちこちから、各郷土芸能の屋台につけられた照明が神社のほうへ寄り集まってくると、境内は「さあ、これから始まるぞ」という活き活きとした、とても良い雰囲気になってきた。

おまつり馬鹿、という言葉があるけれど、私はこの町で何度それを耳にしてきたろう。

「学校でおとなしい子が、おまつりで人が変わったようになる。それは驚異でした」

「おまつりって、不思議です。普段いるかいないか、わかんないような人でも、おまつりになると目が爛々と輝いてくる。閑散とした町に、その日だけはどっと人が出る。町が人でいっぱいになる。みんな、いったいどこにいたんだろうって思うくらい」

「震災前は、八月二十日が過ぎると、町内のあちこちからおまつりの音が聞こえてきました。

お盆があけたから、もういいだろうといわんばかりに聞こえてくる。浜のほうで練習している虎舞のおはやしが、山を越えて関口のほうまで聞こえてくるんです。それが聞こえると、おまつりだ、とわくわくした気分になってくる」

「準備も、やっているあいだも、こんなに厳しいことはないのに、なんか離れられないのが、まつり」

「山田の人はよくおまつり馬鹿だって言われるけど、多分みんな、ほんとの馬鹿なんだと思う。雨降ったってなんだって、おまつりはやるんですよ。雨が降ったら降ったで、へんなテンションになって」

「おまつりが終わっても、しばらくは耳に聞こえてくる音が、みんなおはやしになる。風呂に入れば、耳鳴りのように小さなおはやしが鳴っているし、朝になってゴミ収集車が近づいてくると、あのメロディがおはやしに聞こえる」

「山田の人は、よく言えばシャイ。人の悪口は言っても、自分のことは話さない。伝わらなくてもいいと思ってる。へんな意地を持っている。山田祭はそんなシャイな町の、ファンキーなまつりです。ここでは、歴史や伝統をきちんと話そうとすると、めんどくさいやつだって言われちゃう。きちんとした答えなんかないのが、まつりだって。結論を出さないのが、この町。検証して、分析して、結果を出すことをしない町。今年あそこで失敗したから、来年はどうしようってことをしない。いいじゃん、楽しかったんだからって。そしてまたおなじ失敗しちゃって、あとからそれが武勇伝みたいに語り継がれていく。そういうやつ、いたよなって」

昼間の境内で話を聞かせてもらったときには、おだやかな人だなあと思っていた男性が、虎舞の半てんを着て太鼓のバチを手に持つと、もう別人になっていた。「矢車」という表現がぴったりの、目まぐるしく力強いバチさばき。今宵の虎舞は、中山車とやぐらを組み合わせた舞台の上に、若々しい虎をたくさん登場させている。

和藤内が子役の突いてくる槍をつかんで、間合いをはかりながら漁船団のこもり小屋のほうへにじり寄っていくと、境内に向かって開け放たれた宴会場では、宴もたけなわの人たちがいっとき飲む手を休め、その芝居に見入っている。彼らの正面にまわって、大きな声で口上を述べた和藤内は、熱くなり過ぎず、迫力も失わず、見事に決めて、みんなから笑みを引き出していた。

そして、八木節の華やかな踊り手たちが境内の広場を埋めつくすと、宵宮祭もいよいよクライマックス。

ああ　姉ちゃん姉ちゃんこんばんは
ああ　今晩どころか毎晩だ
ああ　毎晩どころか日に三度
ああ　お腹がはらんだ

ああ　なに食ってはらんだ
ああ　芋食ってはらんだ
ああ　いいもんだ

あどけない顔をした女の子たちが無邪気に、元気いっぱいにそんな唄を歌うので、こもり小屋からも、

「それからどしたーっ」

と、くり返し合いの手が入る。もうエンドレスである。今夜も番傘が骨になるまで地面に叩きつけ、燃え尽き、灰になるまで踊ろうとするような男性がいる。

まつりで人は、心をひらく。普段そっけない人が、気を許して笑いかけてくる。寡黙な人が突然威張り出す。うっぷんを晴らそうとしたところで、ケンカになる。でも人は、そうしてはじけることで、生き返っていく。


九月十四日。二日目。八幡宮のおまつりの日。

ドーン、ドーンと大太鼓が鳴ったのを合図に、神官と関口不動尊神楽の一行が拝殿へ向かう。

拝殿の前では、八幡鹿舞の演目「魂入れ」が始まった。

背後では、八幡大神楽が屋台を引っぱりあげる、

「せーのっ」

という大きなかけ声。

神輿に御霊が移されると、おはやしもひときわにぎやかになって、そこへ正装した漁船団の団長が登場し、天を仰いで叫んだ。

「ワーホーッ」

舎人たちは気合いを入れて、いっせいに神輿をかつぎあげる。

境内は、人だらけ。

「わっせ、わっせ」

という声が、おはやしのなかに消えたり、また浮かんだり。

さまざまな衣装を身につけた一団が、まるで追いかけっこでもするかのように、砂ぼこりをたててぐるぐると境内を走りまわり、十分にあばれたかなというところで、次の階段を下りて参道へ。そして町へと、くり出していった。

建物がないために見通しの良い風景のなかに、延々と伸びていく神輿行列を眺めながら、そばで見ていた旅行者らしき人が連れあいにささやく。

「ほら。先頭はあんな先のほうへ行ってる。長い行列だなあ。みんなでつくる、おまつりだ」

一行は、まず大杉神社へ。

かつて国道から神社まで通じる細い道沿いに密集していたという家々は、ほとんどが津波に流されてしまったが、その跡地に止められた車はトランクが開けられて、そこに箱に入ったお酒が置かれている。

　はたして、昨年もそうだったのだろうか。私は、気がつかなかった。

　ぽかんと見ているると、車の横に立って神輿を待っていた人が、

「ここが俺の家だったんです」

と、教えてくれた。

　家がなくなってしまったあとも、人々はいつも神輿を待っていたおなじ場所で、神輿が来るのを待っていたのだ。その人が言う。

「陸上渡御は、神様に町を見てもらうためにおこなわれるものです。だから、各家で清めの塩や酒を出すんです。神様にうちに来てもらえたという、この気持ち。こういうことが、山田の人たちの気持ちを左右するんじゃないでしょうか。だからこそ、まつりを続けてこられたんだと思います」

　北浜の人々に、そのようにして迎えられた八幡宮の神輿行列は、大杉神社への参拝を終えると、次はおまつりのときだけ片側通行になる国道へ走り抜けていった。

　白張姿の男たちが、御殿のような大きな神輿を肩にのせ、わーっとやって来る様は本当に壮観だ。近づけば、近づくほど、白がまぶしい。

　旗持ちの子どもたちも、高い声で元気よく、

「わっせ、わっせ」

と、置いていかれないように、夢中であとをついていく。

その活き活きとした映像を目にしながら、私はおまつりが大好きなのに、今はおまつりがつらいと言っていた、ある人の言葉を思い出す。

「今の山田町の状況は、考えてもどうにもならない。流れにのっていくしかないと思います。ただ、イベントがつらい。正月、盆、まつりがつらい。どれも一年に一度のことだから、いつもなら、あの道具はここに置いておいたはずだと探すのだけれど、探す家がもうないことに気づかされるから。

もう冷静にはなっているし、今の景色も見慣れてきてもいる。でも、年に一度の行事だけは、脳が冷静に受けとめないんです。まつりの日には風呂に入って、爪を切って、神棚に拝んで出発するという決めごとがあったのに、それができない。だから、楽しいだけではないです。まつりのあいだも、ふと冷静になってしまう時間がある。神輿を見ても、神輿のまわりに家がない、なんにもないと思うとき、やっていていいのかなと思うことがある。

動き出している人と、止まっている人の差が大きすぎる。そのなかで、おなじまつりをやるのは無理があると、どこかでは思ってる。でも、それをやっていかないと、将来はない。町が落ち着いたとき、人が戻ってこられるためにはやっておかなきゃ、という目的をみんなが理解しているから、なんとか進んでいるが、抱えているものは個々で違う。複雑です」

魚市場に来た。

ここで神事がおこなわれ、昼食をはさんで、午後もまた神輿はゆかりのある個人宅や、商店の前で止まりながら、町内をゆきつ戻りつ進んでいく。長い長い一日だ。

大太鼓を叩く子どもたちも、本番でリズムをつかんできた様子。一緒について歩く両親が、「うちの子は小学六年生だから、大太鼓は今年で最後。心して叩けよ、と言ってあります」と。

道中、消防団の半てんを着た人たちが、まだ撤去されていない建物の基礎の上に腰を下ろしていた。そばに、やはり箱に入ったお酒が数本置かれている。

山田大神楽が来て、そこで舞いを舞ったので、会員に尋ねてみると、もと屯所のあったところだと教えてくれた。海に近いのに、海が見えなかったためにいきなり津波が来て、ポンプ車がのまれ、殉死者が出たそうだ。

神輿がやって来て、そこに止まると、団員たちは静かに神輿に向かって手を合わせた。

そしてまた少し行くと、やはり家の基礎だけが残された場所にテーブルが置かれ、その横に背広姿の男性が立っている。テーブルの上には皿に盛った塩と、お酒、そして遺影が置かれていた。震災で亡くなった家族のものだろうか。

神輿はそこで、また止まる。その皿に盛られた塩を受けとったお塩まきは、きっとその遺影の人をよく知っていたに違いない。その場所で塩をまく姿を見て、私はなんとなくそう思った。

お参りが終わると、背広姿の男性は、立ち去る神輿に深々と頭を下げた。

「完全復活」が期待された今年のおまつりだが、郷土芸能に参加する人たちのなかには、「今年が、俺たちの知ってる最後のまつりになるんじゃないかと思います」

と、寂しそうに言う人がいる。

「今は家はなくても、残っている道路を歩けば、神輿行列のなかにいる私たちは、かつての風景を思い描くことができる。だけど、復興の工事が本格的に始まれば、道路も変わる。神輿のルートも変わっていく。だから、今までのようなおまつりができるのは、今年が最後になるだろうと思うんです」

家や職場のあった場所で神輿を待つ人たちにとっても、それはおなじことなのかもしれない。工事が始まれば、もうその跡地にテーブルを出すこともできないし、区画整理がされて新しい道路ができれば、家の敷地だったところも以前とは違う風景になってしまうのだろう。おなじ場所に家を再建できない人にとっては、なおのこと。

「新しい町づくりの大枠は決まっても、まだ細かいところが決まっていない。この町が一体どういうふうになるのか、まだわからない。区画整理をして、ここに残りたいという人たちで区割りをすることになったとして、その先にもまた、みんなの合意の要るようなことがたくさんあって、長い道のりになりそうだ。しびれを切らして、町から出ていく人もじわじわと増えている。知り合いも、津波の来ない地区に家を買った、と言っています。町ができても、戻らない人は結構いると思う。

震災の前から、人口はどんどん減っていたんです。高齢者が子どものもとへ移住してしまうと、そこが駐車場になるというパターンで、あちこちに駐車場ができていた。震災前に一人暮らしだった高齢者は、今後は家の再建をあきらめて、公営住宅に住もうと思うでしょう。いずれ、かさあげをしてつくられる新しい町は、今までとおなじ町並みというわけにはいかないだろう。それを前向きに考えれば、こんな大きな災害でもなければ絶対にできなかった区画整理ができて、町が生まれ変わるのを、自分が生きているあいだに見られる。そんな新しく始まる暮らし、新しい町を見てみたい、という気持ちもあります。でもその一方で、何十年も住んでいた町は、もう元には戻らない。そこに住んでいた人も戻らないんだという、寂しい気持ちもあります」

予想をはるかに超えた、長い長い仮設暮らしに耐え、町が生まれ変わるのを待ってでも、元の場所に住みたいという願いは、おまつりをやろうという原動力と無縁ではないのだろう。でも、おまつりができても、神輿が戻っても、みんな満身創痍なのだ。それが、今の山田町なのである。

「わっせ、わっせ」

と、神輿は町の奥のほうへ、坂道をのぼっていく。高台の土地にすでに新しい家を建てた人もいて、それが毎年訪ねていたゆかりの家ならば、神輿はそこまでのぼっていかなければならない。ルートはそうやって、これから年々変わっていくだろう。

坂道をのぼり続けて、たどりついた新築の家では、神輿と、それにくっついてやって来た人々を祝福すべく、餅まきがおこなわれた。

「こんな山の上でお神輿を迎えたら、ああ神様が来たって感じがするんでしょうね」

と、一緒に神輿を追いかけていた人が、うまいことを言う。

神輿の休憩所になっている関係者の家では、毎年舎人一〇〇人分のおにぎりや、おやつを用意するそうだが、

「バナナはあんまり売れなかったんで、あわてて梨をむいたんですよ」

と、ある家の主が笑いながら話してくれた。

「家を飾りつけて、舎人たちをもてなして、休憩してもらって、でもまつりが終わって、その飾りをはずして片付けるときは寂しいね。また一年が始まるぞって、家族と言い合うんです」

夕方になって、だんだん雲ゆきがあやしくなり、ついには雷雨になった。とても寒い。旗持ちの子どもたちの顔からも、生気が失われていく。大漁旗を巻きつけた竿は結構な重さのようだし、今年は例年よりも長く坂道を歩いて、みんなかなり疲れている。しかし、舎人の体力はすごい。

私も自分自身を励ましながら、冷たい雨のなか神輿のあとを追いかけた。

午後五時ごろ、虎舞の山車に明かりがともると、間もなく神輿に括りつけられた照明にも明

かりがついて、寒い闇のなかで光り輝く巨大な神輿は、昼間よりもさらに神々しく見えた。すっかり日が暮れても、病院の前では車椅子を並べて、毛布をかぶって神輿を待つ、お年寄りたちの姿があった。

待っている人たちのために、舎人は走る。神輿も美しい。舎人たちの心意気も美しい。いつか、若い女の子たちが目をきらきらさせながら、こんなことを言っていたっけ。

「神輿をかつぐ人たちの顔に、うっとりしちゃうことがあるんです。普段はただのおじさんなのに、その日だけかっこよく見える。それが『まつりマジック』です」

これを聞いて、横で笑った男性が言った。

「お父さんが、娘に『かっこいい』って思われるのは、まつりの日しかない。それはでも、衣装とか、見た目の話じゃないんです。年とってから、なかなか一生懸命やることってない。学校出てから、あんな汗だくで懸命になって大人がやることって、そうはない。一人の男が本気でやっている姿って迫力がありますよ。それも、一〇〇人近い男たちが余裕なくやってる姿なんて、滅多に見られるもんじゃない」

一日じゅう町を練り歩いた神輿が、ついにおさまるのを見ようと、八幡宮の前は参道の入口まで人であふれ返っていた。おさめを見るために早く場所取りをしたいが、神輿行列について歩く郷土芸能の人たちの、最後の盛りあがりの様子も見てみたい。どうしようどうしようと、もたもたしているうちに、私はまたしても出遅れてしまった。

しかし、そこへ思いがけない助っ人が現れた。

たまたま鳥居の前で知り合った、娘と一緒に神輿を見にきたという女性が、

「もう今から境内へはあがれそうもないけれど、お神輿がおさまるところを間近で見られるコツがあるんですよ」

と、頼もしいことを言ってくれるのである。

「緑色の半てんの後ろに、入りこむんですよ」

そう言って、その人はくったくなく微笑んだ。

緑色の半てんとは、鹿舞の半てんのこと。つまり、お供として神輿の後ろについている鹿舞の、そのすぐ後ろにぴったりとくっつけばいいのだと、教えてくれたのだ。

間もなく何十奏にもなったおはやしをひっさげて、神輿が八幡町に帰ってきた。

警護係が人々に道を開けるよう促すと、見物人の群れはきれいにふたつに割れて、一度開いたその道をふさがれないように、若い舎人たちが我々の前に一列に並ぶ。それはつまり、旗持ちたちが走って帰るために開けられた道だった。

そして、神輿が最初の鳥居にたどり着いた途端、旗持ちたちは我々の前からいっせいに、全速力で走り去った。

それは圧巻だった。夕方には、ほとほと疲れた顔をしていた子どもたちが、突如活き活きとした顔で飛び去っていくのである。彼らの真剣さこそ、漁師のまつりの名残だろう。

「旗持ちには大漁祈願がかかっているから、誰にもその道は邪魔されない。仮にぶつかってケガをしたとしても、ぼやっとしているほうが悪いということにされてしまう」

町の人は、あたり前のようにそう言う。

旗持ちたちを見送ると、神輿は鳥居をくぐり、そのあと鹿舞が続いた。今だ、というタイミングで、女性が私の手を取ってくれる。

しかし、まわりには我先に神輿を追いかけようと、鹿舞を追い越してしまう人もいた。

女性は、冷静に、

「押して押して。後ろから押すんですよ。お神輿を上へ押しあげるために」

そう言いながら、私の背中を手のひらで、とてもやさしく、そして力強く押してくれる。彼女の言うのは、我々の力を使って、大きくて重い神輿を一緒に拝殿前まで押しあげてやりましょうよ、という連帯感なのだ。自分だけ神輿のそばに寄るために、強引に前に進もうというのではない。

かき分けても、かき分けても、なかなか先へ進めないような人ごみに見えたのに、不思議なことに神輿はいつの間にか、私たちの目の前にあった。

波に乗る大きな船のように、あばれ神輿は近づいてきては遠ざかり、また近づいてくる。そのたびにアップになる舎人たちの顔は、とてもきれいだった。

歯を食いしばり必死の形相をしながら、彼らはときどき見物人のなかになにかを探すような、不思議なまなざしを向けてくる。意識しているのか、無意識なのかわからないが、何人もそういう人がいる。なんとも言えない映像で、なんとも言えない時間である。

気持ちが高ぶるあまりに一線を越えて、神輿の前へ飛び出していった男性がいた。舎人たちに手を貸してやろう、とでもいうような勢いだ。見かねた警護係が、怖い顔でやって来て、

「あぶねえぞ」

と、ひと言。命をかけている白張の男たちの前へ、浮かれて飛び出していったらどうなるか、まったくハラハラさせられる。

「あと一周だぞ」

という指示が、舎人たちに出されたが、

「ほら、神楽が『まだ行くな』って合図をしてる」

と、一緒にいた女性が言った。どんな合図だったのか、残念ながら見逃してしまった。

最後の鳥居をくぐって、神輿は拝殿へ続くせまい階段を、ひとつひとつのぼっていく。最大の難所である。まわりは人でぎゅうぎゅうで、なにがなんだかわからない。耳元にある、隣の人の口から飛び出してくる舎人たちへのエールはもう金切り声に近く、耳が痛い。興奮のるつぼである。

やがて、少し上のところで歓声があがり、拍手が起こった。神輿も、舎人たちの姿も見えなかった。

「舎人の数が増えたから、神輿に近づけなかったね」

と、少し残念そうに、先の女性が言った。きっと昔は、彼女のやり方で成功したのだ。

ほどなく境内では、次々と郷土芸能が奉納され、最後の力をふりしぼるような鹿舞の太鼓の音が聞こえてきた。


九月十五日。最終日。大杉神社のおまつりの日。

「どっちかは絶対に雨になるっていわれてるけど、今年は、お天道様は大杉様に味方したね」

と、町の人が言った。

見事な秋晴れになった。北浜の大杉神社は、朝からもう人でいっぱいになっていた。

柳沢の山頂で御霊をのせて町に下りてきた神輿のそばには、白張のかわりに、白いTシャツと短パン姿の舎人たち。午前中は海に入るので、この格好なのである。

彼らに向けて、人々の、

「がんばれよ」

の声が、あたたかい。「がんばれ」に、こんなに心がこもっているのは、初めて聞いたような気がした。

「大杉神社の神輿は、ギャラリー（追っかけ）が多い」

と聞いていたが、本当だ。浮き浮きした様子のおばちゃんたち、おじいさん、おばあさん、小さな子どもを連れたお母さんたちが、決して広くない境内を埋めている。

そして、

「ワーホーッ」

の声があがった瞬間、彼らギャラリーの顔色がサッと変わり、会場全体が、

「始まったぞ」

というふうに動き出した。

境内を数周したあと、あっさり走り去ってしまった神輿のあとを、逃がさないぞとばかりに追いかけていく大勢の人たち。

私は関口剣舞の乗る役船に乗せてもらう約束をしていて、あらかじめ、

「朝、境内で声をかけてくださいね」

と、言われていたのに、あっという間に見失ってしまった。だって笛を吹きながら、まさかあんなスピードで走っていってしまうとは思わなかったのだ。

焦って、あとを追いかける。しかし、神社を出て間もなくの国道で、信号が赤に。先に道路を渡ってしまった神輿は、すでに防潮堤の向こうに消えてしまい、横断歩道の前には、じりじりとじれったそうな人々がどんどんたまっていく。

塩垢離をする浜は、コンクリートのスロープになっているのだが、この辺りも震災で海底が七〇センチほど沈下してしまったらしい。

役船

でも、

「みんな、四年間待ったんだから」

と、この日のために氏子がダイバーに頼んで、海底のがれきをきれいに取り除いてもらい、当日の潮位など気象データをかき集め、徹底的に安全を確かめた上で、塩垢離の実現にこぎつけたという。

浜には、舎人が神輿をかついで入っても大丈夫な範囲をあらかじめ決めて、目印にブイを浮かべてあった。それは実際には、いつもより小さい面積になってしまったのかもしれないが、それでも四年ぶりに塩垢離を見られるぞ、という喜びが浜にみなぎっているように感じられた。

「お塩まきは、海のなかでも塩をまこうとするんだけど、三方（塩を入れた盆）に海水が入って、塩が溶けちゃうんです。それで塩のかわりに、夢中で海水をまいている姿が可笑しくて」

と、ギャラリーの一人が笑いながら話してくれる。

私は埠頭の先まで来て、なんとか無事に剣舞の乗る船を見つけることができた。浜のほうをふり返ると、海に入りこんでいるスロープの上で、水しぶきをあげながら神輿と三役が走りまわっている。それをとり囲むように、ほかの郷土芸能も懸命にはやしていて、太陽の下で、みんなキラキラして見えた。

彼らの背後に建つ防潮堤の上には、大杉神社に立てられた幟の先端がのぞき、神社がいかに浜に近いかがよくわかる。塩垢離はまさに、神社の目と鼻の先にある浜で、昔からおこなわれてきたのだ。

　埠頭にはずらりと人が並んで、結構なにぎわいのように見えるが、船へ案内してくれた剣舞の会員によると、

「今は静かだ。昔の三分の一くらいしか、人がいない」

という。

　そして従来なら、神輿は海のなかに入ると、舎人たちの背の立たないところまで来てから小船に引きあげられるんだ、と教えてくれた。

「今日はあそこまでしか海に入れないけど、昔は神輿の黒い屋根しか見えなくなるような深さまで浸かったんだよ。舎人たちは足がつかなくなって、かつぎ棒につかまって浮いていた。旗持ちたちが持ってる竿を渡してもらい、みんなでそれにつかまって、船の上に引きあげられたこともあった」

　そういえば、北浜のある氏子が言っていた。

「おなじ神輿かつぐでも、背の高い人と低い人があって、背の低い人は神輿かついでも、初めは肩にかからなかったりするんだが、海に入ると足が浮くから、かつぎ棒が肩について、そのうちみんなおなじに肩にかかってくるようになるんだな。一人で力んだって、だめなんだ」

　ずっと昔は、神輿を浜から直接輿船にのせていたらしいが、船が沖まで出るようになって大型化してからは、輿船を浜まで寄せることができなくなった。そこでまず小船を二艘つなげた

ところに神輿を引きあげてから、大型船（輿船）にのせるという手間を取るようになり、この手間がむしろ山田祭の伝統として、今日まで守り続けられている。

剣舞の会員の昔話は続く。

「昔は役船以外にも、漁師たちは自主的に船を出して、人を乗せた。船は乗り放題。船主がいいと言えば、誰でも乗せた。船べりに人がぎっちりいて、ああ、あの船傾いたぞって、お互いに指さし合っていた」

そしていよいよ私たちも、今年の剣舞の役船である「第三一丸《かずまる》」に乗りこんで出航となったが、その際みんなが浜の塩垢離を見ようとその側に寄ったので、本当に船が傾いた。

反対側へも行ってくれ、と船主が言うので、

「みんなそっち行けば、今度はそっちが傾くぞ」

と、誰かが言って、船上は笑いに包まれた。

「昔は、船と船をロープでつないでいた。だから引船と言ったんだと思うが、そのロープが切れる寸前まで人を乗せたから、びりびりって、ロープがちぎれそうな音がしてた。人数制限なんてなかったからね。剣舞を乗せて大漁した船もあって、そうすると縁起がいいから、俺も剣舞を乗せたい、となるんだ。船に乗せられると、昔はごちそうがすごかった。漁師は人を乗せれば乗せるほど大漁するといって、たくさん乗せて、たくさん魚を獲って、それをまた人に振るまったのさ」

船が湾口の明神崎まで来ると、剣舞が披露された。潮風を受けながらの船上の舞いには、「寿ぐ」という言葉がぴったりだった。

かつて漁師は沖へ出るとき、この明神様と、向かいの船越半島（山田町大浦地区）に祀られた黒崎の神様に手を合わせたんだと、同乗していた年輩の漁師が教えてくれた。

海からあがってきた舎人たちは休憩をとって、白張に着替える。輿船が陸《おか》に戻ってきたら、今度は陸上渡御である。

「ワーホーッ」

神輿は一度走り出したら、どこで見せ場をつくるかわからない。あばれ神輿のあとを我先にと、腰の曲がったおじいさんやおばあさんが、思いがけないほどサクサクと軽い足どりでついていく。近道になるなら草むらのなかでもどこでも、ためらいもなく入っていく。下手に真似をすると、怪我をするかもしれない。

国道は片側通行ではあるが、いちばん開けた場所なので、やはり盛りあがる。神輿が八幡大神楽の新しい屋台に突っこんでいきそうになったときには、思わず沿道で笑いが起こった。きわどい、きわどい。

おまつり広場では、神輿に参拝できる時間がもうけられ、列をつくって人々がお参りをした。最敬礼する人もいる。

町にはいろんな人がいて、おまつりにも、いろんな関わり方がある。そう教えてくれたのも、郷土芸能にたずさわる自称「おまつり馬鹿」たちだった。

「おまつりは、出ている人たちだけのものじゃない。おまつりの中心に関わらない人でも、ああ今日はおまつりだね、と思うんですよ。普段家から出ない人も、神輿が来れば外へ出る。忌みでまつりに出られない年も、たとえ家にいても、まつりって楽しいと思える。お客が来て昼から飲めるし、団体が踊りに来るから」

「神輿行列に出るだけが、まつりじゃない。店をやってる人にとっては、年に一度、神輿や郷土芸能に来てもらうのが、まつり。まかないやって裏方で支えている人たちは、神輿にはついていけなくて、ずうっと団体の帰りを待っている。でも、それもひとつのまつり。そういうのが町のいたるところにある。みんながそれぞれに、自分のまつりをやっている。だから、まつりがにぎやかなんです。町の人たちがそれぞれに楽しんでいるから、みんながそわそわする。出ている人も、見ている人も、そわそわする」

魚市場へ向かう途中、新築の料亭の前で、八幡大神楽が門打ちをしていた。

震災の年に獅子頭をかぶっていた青年が、今日は相棒の後ろで幕を持っている。あれから、三年が過ぎた。

子どもたちが出てきて獅子のまわりを輪になって踊るシーン、それを見守るお母さんたちという映像は、三年前のあの日に重なる。

「いっておいで」

「おかえり」

という自然な感じは、あのときと少しも変わらない。

不意に、お母さんの一人と目が合うと、その人はまるで子どもを慈しむような温かい目で、私をじっと見つめてくれた。

おまつりは、言葉はなくても人と心が通い合うような、不思議な気持ちにさせてくれる。あれから三年。なんだかどうにも、目頭が熱くなってくる。

夕方になると、歩く、歩く、みんな歩く。郷土芸能も、氏子も、商工会も、町のあらゆる所属の人たちが、総出で神輿を追いかける。

いつかこの町の居酒屋で、こんなことを言った人がいた。

「この小さな山田町だって、中心部には第二次、第三次産業があるから、人の出入りも多い。外から入ってきて自治会にも入らない人や、名前も知らないような人はざらにいる。なかには夜逃げしてきた人だって、路上生活者だっていたはずで、だから震災のあと、死者にも行方不明者にも数えられなかった人っているはずだと思うんだ」

どんな話の展開だったのか、お酒の席のことだったのではっきりとは思い出せないが、その人は町の現状についてひととおり熱心に語ってから、こう言った。

「生きている人間が、それぞれ今できることをやるというのが、復興の根底にはあるんじゃないかな」

津波と火災で焼け野原のようになってしまった町には、一刻も早く日常生活をとり戻さなければという気持ちを表すかのように、早い時期から大小さまざまな仮設店舗が建ち始めた。複数のテナントを集めて助成制度を利用し仮設商店街をつくった人たち、個人でプレハブを建てて営業再開した人、一階が津波に破壊されたが、残った二階の部屋で震災直後から営業を始めた人もいたという。

もともと平地が少なく、高台や公用地には仮設住宅が優先して建てられたので、被災した商業者たちが店を構えるための土地はほとんどなかった。しかも当時、津波の来たところに店を開くのは、

「心情的にアウトだった」

と、いわれる。多くの人がそこで亡くなっている、防潮堤は壊れたままだし、地震もまだひんぱんにある、そんなところへ買い物に来る人がいるだろうか……。

「だけど、そこしか土地がなかった」

と、ある店主が打ち明けてくれたように、最初は怖くて建てられなかったような場所にも、

「誰かが建てたら、俺も俺もと、どんどん建っていった」

という。

小さな個人商店の乱立は、でも、町外から復興の応援に来ていたある人の目には、こう映ったらしい。

「町づくりは建物だけつくってもだめだから、みんな自力でプレハブを建てたりしてでも、とにかく商売をつなげているというのは有り難いことだと思いました。区画整理をどんどん進めたって、仕事がなければ誰も残らない。しかし土地を造成して、本設を建てられるまでの時間を、みんなが耐えられるかどうか」

実際に、町の復興は住民の予想をはるかに超えた、あまりにも遠い道のりになってしまった。初めは「二年の辛抱」と思っていた仮設暮らしも、地区によっては最長で七年を強いられそうだとわかってきたころには、町外へ出ていく人の流れを止めることはできなくなっていた。すべてを失ったとき、人はなにを祈るのだろう。それでも生きていく、と思ったとき。

おまつり最後の夕食は、魚市場でとった。

あちこちに陣取る団体が食事を終えて、それぞれに踊り始めると、屋根のついた市場の音響効果によって、いくつものおはやしが重なり、こだまして、高ぶっていく。

さあ、ここからは夜まつりへくり出すぞ、という感じになって、子どもたちまで酔っ払ったみたいにヤーヤーエーエーと歌い出し、絶好調。

満を持して、年行司の、

「ワーホーッ」

の声で神輿が立ちあがると、もうそわそわと歩き出さないではいられない。

外へ出ると、辺りはもう真っ暗で、うっかり水たまりに片足を突っこんでしまった。道は悪いし、草は生えているし、足もとはおぼつかないが、それでもいそいそ小走りで神輿を追いかけなければならない気持ちにさせられる。

夜になって一層殺気立ってきたような、山田大神楽と関口剣舞。もう車もほとんど通らない、おまつり広場のまわりで、あばれ神輿の本領発揮。それに群がるちょうちんや、屋台の明かりがはげしく動きまわり、みんなの顔が消えたり、浮かんだり。夢の国にでもいるようだ。

そうして、大杉神社の神輿は四年ぶりに、かつがれて八幡宮へやって来た。

おまつりの最後の夜には、大杉様が八幡様に会いに来て、その境内で大あばれしたあと、北浜の神社に帰っていくというのが恒例だった。

参拝を終えた神輿が境内の広場まで下がってくると、飯岡浦漁船団と神輿会《しんこうかい》の人々が出てきて、神輿の前に並び、拝礼する。礼を尽くす大人たちの姿は、やはりかっこいい。

北浜まで戻ってくると、神社の鳥居の前で旗持ちたちを帰し、従来なら境内で最後の大あばれをして、おさめとなるところだが、今年はここからさらに、柳沢の山頂まで御霊を送り届けなければならない。

四年ぶりのおまつりだが、スケジュールは変則的である。関係者のあいだでなにやら話し合いがされたあと、結局舎人たちの体力を考えて、境内でのあばれ神輿は省かれることになり、神輿行列は一路、柳沢へと向かった。

ギャラリーたちは、なおも神輿から離れない。静かな夜の道に、人がいっぱいに広がって歩いている。

神輿を照らすためにつくられた照明用の山車を、白張を着た商工会青年部のメンバーが四人がかりで押している。バッテリーを積んで重そうだし、出番は夜なのに、彼らは一日じゅうそれを押して神輿のお供をし、登り坂も悪路も越えてきた。さすがに疲労困憊のようで、真剣そのものの顔になっている。でもきっと、普段よりいい男に見えているに違いない。

北浜の神社まで見届けて、そこで帰っていった人たちもいた。柳沢まで追いかけていこうとする私たちには、もしかすると神輿が山頂まで登りつめるのを見られるかもしれないという、ほのかな期待があった。舎人たちは、本当にあの急坂を登るのか。この長い一日の終わりに、残された体力で。

ふと見あげると、月明かりが手伝って、山頂の神社のある辺りがぼんやりと明るく見える。

「ああ、あそこへ行くんだな」

と、思う。

そうして山のふもとまで来ると、またしばらくのあいだ待たされた。関係者のあいだで、いろいろ相談しているらしい。

やがて、氏子の代表者が拡声器を持って、ギャラリーに語りかけた。

それは誠に申し訳ないが、ここから先の一般の人の立ち入りは叶わない、ということだった。

山頂への道幅はせまく、坂は急である。そして、山頂はとても平地面積が小さい。そこへ大勢の人が押しかければ、誰かが怪我をすることになるかもしれない。

「四年間待った私たちのお神輿が、ようやく帰ってきました。ここから神社への道はせまく、暗くて危険です。事故だけはないようにしたい。ここで怪我人が出るようなことがあると、おまつりそのものができなくなってしまいます」

切々とそう訴える声に、ギャラリーはパラパラと拍手で応えた。

残念。そう思ったが、そこからみんなに見送られる神輿の後ろ姿を、私はずっと忘れないだろう。

夜の闇のなか、自身にとりつけられた照明に映える神輿と、山頂にうっすらぼんやり見える神社の明かりだけが、私たちの目に映っている。

長い長い一日を駆け抜けた神輿と、汗とほこりにまみれてへとへとになっている舎人たちを、闇のなかへ送り出す。

さっきまで一緒にいた舎人たちが、まるで神輿とともに天上の世界へ旅立ってしまうのではないかと思われるような、ゾクゾクする光景だった。彼らはすでに市井の人ではなく、天の使いのように見える。

なんという演出だろう。

山田大神楽と関口剣舞に前と後ろをはさまれて、神輿は出発した。

「わっせ、わっせ」

という声も、白張も、少しずつ闇のなかへ消えていく。

神輿につけられた照明のおかげで、神社までのジグザグ坂のどこを登っているのか、かろうじて下からも見守ることができた。

「あ。あそこまでいったよ」

と、誰かがつぶやく。

木立ちのせいなのか、途中で神輿の明かりは見えなくなった。

私たちは、明かりが見えていたときのペースから想像して、山頂まで登りきったな、というわずかな手ごたえを感じ、ぼんやりした闇のなかにあるだろう神社をじいっと見つめていた。

人は、生きるために神を祀る。祀ることなしに、人は生きられないのかもしれない。

いつか町の長老が言っていた「霊感」とは、それを本能的に知る者が持っている感性のことだったのではないだろうか。

東日本大震災のような、とてつもない大災害があっても、なくても変わらないもの、それがこの町の底力に違いない。

私は思う。

山田町はなくならない。ここにはきっと、神様がいる。

おわりに

二〇一六年のおまつりでは、北浜の波打ち際でおこなわれた塩垢離を、初めて間近で見ることができた。

これからあばれ神輿が来るという浜に、見物人がじりじりと入ってくる。決して広くはないスペースに、そんなに人が入ってきたら、あばれ神輿にとって不都合ではないのか。それは、八幡様の神輿が帰ってくるのを待つときの、八幡宮の境内の熱気に似ていた。

そして、いよいよ神輿が浜に入ってくると、

「山田の人はよけるの、うまいのね」

という町の人の言葉が、自然と思い起こされた。

本気で突っこんでくる舎人たち、真剣によける町の人々。このきわどいタイミングを心得ない者は、ここにいてはいけないのだ。もしつぶされても、海に落とされても、それは自分が悪い……そういう声が、頭のなかでする。

それが山田祭なのだ、と。

この本を書くにあたって、実に多くの方々に、ご協力をいただきました。また、「山田町

史」をはじめ、多くの方からご提供いただいた資料を参考にいたしました。

震災後、私を現地に連れていってくださった皆様、そして、初対面の私に率直にお話を聞かせてくださった山田町の皆様に、改めて心よりお礼を申し上げます。本当に、ありがとうございました。

そして、出版のあてのなかったこの原稿を、世に出すためにご尽力くださった、はる書房の古川弘典さん、佐久間章仁さん、素敵な装幀に仕上げてくださった三橋彩子さんに感謝いたします。

今、五年間にわたる取材、執筆を見守ってくれた「神様」に手を合わせながら、震災で亡くなった方々のご冥福を心よりお祈り申し上げます。

山田祭がいつまでも、山田祭らしくありますように。

二〇一六年十月

矢野陽子

著者紹介

矢野陽子（やの・ようこ）

1968 年東京生まれ。1990 年に成蹊大学文学部を卒業後、一年間ボランティア活動に参加。翌年、その体験記『まいにち生活です』（はる書房）を出版。2004 年には同書房より『注文でつくる―座位保持装置になった「いす」』を出版する。その他の著書に、『濁る大河――赤い北上川と闘った男たち――』（2006 年）、『水におどる月――伊達政宗と建国のものがたり――』（2009 年、いずれも社団法人東北建設協会企画・発行）がある。

執筆だけでなく、本文中のイラストも自ら手がける。

web サイト（矢野陽子のページ）http://yanoyoko.web.fc2.com

震災があっても続ける ——三陸・山田祭を追って——

二〇一七年一月三十日　初版第一刷発行

著　者　矢野陽子

発行所　株式会社はる書房
〒一〇一-〇〇五一　東京都千代田区神田神保町一-四四駿河台ビル
電話・〇三-三二九三-八五四九　FAX・〇三-三二九三-八五五八
http://www.harushobo.jp/

挿　絵　矢野陽子
装　幀　放牧舎（三橋彩子）
組　版　有限会社シナプス
印刷・製本　中央精版印刷

ISBN978-4-89984-159-3